COCKTAILS

Autorin: Sabine Kählau für INTERPILL MEDIA GMBH, Hamburg
Koordination: Gerd Grohbrüg
Layout: freestyle computer, Günter Hagedorn & Maria Sperr, Hamburg
Fotos: Asmussen/Korenke PR, BACARDI DEUTSCHLAND GmbH, Bernard-Massard, Bols, Borco-Marken-Importe, Campari, Chantré Weinbrand, Cherry Heering, Cranberry Marketing Committee, Danziger Goldwasser, Fanta, Fuchs Gewürze, Gammel Dansk, Gordon's Gin, Havana Club, Henkell & Söhnlein Sektkellereien KG, Jameson Whiskey, Jules Mumm, Kirsberry, Langguth, Licor 43, Maxxium Deutschland GmbH, Melitta, Meßmer-Tee, Echter Nordhäuser Doppelkorn, Noilly Prat, Pernod Ricard Deutschland, Peter Kölln Köllnflockenwerke, Rotkäppchen-Mumm Sektkellereien/Korenke PR, Schlumberger KG, Schweppes, Simex, Spanisches Generalkonsulat - Handelsabteilung Düsseldorf, Das Buch „Der Pott mixt"
Covergestaltung: Susanne Niemetz
Umschlagfoto: Getty Images, München

001

ISBN 3-8112-2366-6

5 4 3 2 1

Sabine Kählau

COCKTAILS

500 klassische und neue Drinks mit und ohne Alkohol

Viel Spass beim mixen!

Sabine, Sven, Selina und Michelle

GONDROM

Inhaltsverzeichnis
500 Cocktails aus aller Welt

Einleitung 6

Drinks mit Absinth
Death In The Afternoon, Black Thorn, Absinth C 3, Alraune Cocktail, Bombay 8

Drinks mit Bier
Berliner Weiße mit Schuss, Caibirinha, Berliner Bowle, Diesel, Dirty Ad Ma 10
Export Punch, Churchill, Green Wave, Herrengedeck, Jean Bière 12
Kölsch Colada, Bier Brause, Lady's Beer, Towarisch, Diplomat 14
Radlerhalbe, Fruchtbier, Rheinwasser, Krefelder, Livetail 16
Weizenbier Mojito, Gaass, Golden Velvet, Isarwasser, Tulip 18

Drinks mit Bitter
Americano, Americano Spezial, Abendrot, Campari & Wodka, Bereggi 20
Dänischer Julekaffee, Schokolade Mexicana, Ingwerkaffee, Backbord, Sweet And Bitter 22
Havana Runner, Jungferngebet, ABC Cocktail, Alfonso Spezial, Mc Laughlin 24
Jules Aperol, Lilien, Few Drops, Shorty Georg, Isola Bella 26
Manhattan, Garde-Kürassier, Golden Girl, Hong Kong, Jersey 28

Drinks mit Brandy und Cognac
Deinhard Sunset, Café Corretto, Pompeii, Sogno, Arago 30
Scorpion Lady, Capri Cocktail, Betsy's Cocktail, James, Alba 32

Drinks mit Cachaca
Caipirinha, Kirschblüte, Batida De Mel, Caipimara, Rio Libertà 34
Rio, Copacabana, Aranco, Brasileiro, Sao Paulo 36

Drinks mit Champagner, Sekt und Prosecco
Bénédictine mit Champagner, Bellini, Champ, Chicago, Jacques Lameloise 38
Blow Up, Grandioso, Green Ghost, Azzurro Bacio, Hemingway 40
Jules Daisy, Spotlight, Southern Dream, Gipsy, Gulf Stream 42
Kir Royal, Red Moon, Blue Star, Valencia Smile, Grand Champagner 44
La Dolce Vita, Adria Look, Vulcano, Starnacht, Aperol Prosecco 46

Drinks mit Gin
Bombay Crushed, Old Opera, Aga Khan, Friends, Holland House 48
Singapore Sling, Mayfair, Zitronen Flip, Zaza, Quebec 50
Tom Collins, Fifty-Fifty, Casino, Fireball, Surfer 52
White Lady, Green Morning, Tropical Red, Claridge, Crocker 54

Drinks mit Grappa
Jules Grappino, Passion, Vera Cruz, Bienenkönigin, Genoa 56

Drinks mit Kaffee, Tee und Kakao
Café Mafioso, Hot Caribbean, Southern Bell, Schwarzwald-Kaffee, Eiscafé Steppenwind 58
Irish Coffee, Ginger Coffee, Irish Coffee Spezial, Kaisermelange, Mazzagran 60
Pharisäer, Coffee Cobbler, Kaffee-Eisbecher, Scotch Coffee Kilt, Caribbean Coffee 62
Darjeeling-Schokolade, Kirschzauber, Hot Piña Colada, Apfel-Tee, Melonen-Tee 64
Orange Coffee, Cappuccino, Orange Coffee Plus, Café Mocca, Espresso Corretto 66
Vanille-Shake, Captain's Chocolate, Nettlers, St. Thomaskakao, Borgia 68
Zitronen-Eistee, Greentea-Flip, Chinesischer Pulswärmer, Limettengrog, Mandarinen-Tee-Shake 70

Drinks mit Korn
Grubengold, Glück auf, Blauer Steiger, Schlawiner, Toter Mann 72
Kimme und Korn, French Poseidon, Korn Colada, Korn Sunrise, Korn Sour 74

Drinks mit Kräutern
Jules Julep, Garden, Mint Banana, Aku Aku, Sleepy Head 76
Minzgranitee, Janky Mojito, Champagner Julep, Derby, Harry's 78
Mojito, Kiwi-Mint, Green Leaves, Fata Morgana, Brandy Smash 80
Eisiger Waldzauber, Waldmeister-Milch, Waldmeister-Bowle, Montezuma, Mai-Bowle 82

Drinks mit Likör
Amoroso, New Life, Luigi, Big Boy, Margi Cocktail 84
B 52, Biribie, Grand Marinha, Lady Champagner, San Remo 86
Cartagena's Delight, Sol Y Sombre, Fun Beach 43, Milky Way, Cuarenta Sour 88
Eierlikör Steamer, Eierlikör Smoothie, Eier-Bananen-Milch, Lawine, Changirongo 90
El Presidente, Club Forrest, Little Devil, Grüne Wiese, Elysée 92
Golden Eye, Golden Flip, Gold Fever, Colony, Goldfisch 94
Groovy Monday, Willawa, Harvey, Goldfinger, Sweetheart 96

Heering Blossom, Lady Heering, King Peter, Undercover, Datscha 98
Hero Trickster, Coco De Martinique, Band C, Gingerball, Monte Carlo 100
Kirsberry Dream, Kirsberry Punsch, Sommerglück, Kirsberry-Melone, Danish Smile 102
Mai Tai, Aqueduct, Nevins, Gisela, Helen's Own 104
Sidecar, Frozen Scotch, Collins Extra, Amsterdam, Kleiner Teufel 106
Southern Sunset, Golden Nail, Alabama Slammer, Southern Colada, Steam Boat 108
Swimming Pool, Chinese, Hakam, Gin Aloha, Fine And Dandy 110
White Russian, Banana Drift, Funky Monkey, Hermelin, Duck Fart 112

Drinks mit Limonade und Sodawasser

Gin Fizz, Wodka Fizz, Orange Fizz, Golden Fizz, Dubonnet Fizz 114
Gin Tonic, Amandes, Piratenfeuer, Tropic Jinks, Fantasy Island 116
Rum Collins, Flipside, Kiss Me Quick, Cassisoda, Cream Puff 118
Rum Highball, Admiral Highball, South Ginger, Pimlet, Moscow Mule 120
Southern Cola, Bad Mojo, Mickey Mouse, Cola Absent, Cola Fizz 122
Southern Ginger Ale, Rail Splitter, Wodka Cooler, Apple Buck, Drunken Duck 124
Apfelgarten, Soho, Apple Cooler, Apfelgarten mit Schuss, Yellow Bird 126

Drinks mit Milch, Joghurt und Kokosmilch

Latte Macchiato, Erdbeer-Cardinale, Birnen-Zimt-Milch, Black & White, Schlummertrunk 128
Mango Colada, Sweet Tina, Beachcomber, Coconut Climber, Orange Colada 130
Apfel-Joghurt-Drink, Jojo, Paprikadrink, Gemüsedrink, Majo 132
Mango-Lassi, Miss Marple, Turtle's Delight, Banjo, Babyface 134

Drinks mit Rum

Blueberry Shake, Rummy, Rum Daisy, Old San Juan, Carmencita 136
Cuba Libre, Bahamas, African Queen, Internorga, Blue Hawaiian 138
Daiquiri, Melissa, Golden Clipper, Robson, Dunlop 140
Grog, Almkaffee, Kaffee Punsch, Eier-Honig-Grog, Wiener Grog 142
Navy Grog, Cocobana, Black Rose, A La Donna, Golden Heath 144
Piña Colada, Sombrero Cooler, Honeybee, Piña Colada II, Bahia 146
Planter's Punch, Golden Rum Shake, Rumba, Caribbean Nightmare, Barracuda 148
Weihnachtspunsch, Silvesterpunsch, Orangenpunsch, Holländer-Punsch, Negrita-Punsch 150
Zombi, Jamaica In, Nevada, Black Coco, Southern Mama 152

Drinks mit Säften

CCC 51, Paradise Punch, Sparkling Cup, Sparkling Cranberry, Cranberry Lemon 154
Chantré Sour, Whiskey Sour, Wodka Sour, Gin Sour, Amaretto Sour 156
Cosmopolitan, Sex On The Beach, Cranberry Cooler, Cranberry Cup, Cranberry Tonic 158
Mary Pickford, Flaschengeist, Hawaii Girl, Floor Polish, Mango Breeze 160
Sangria, Denia Sunrise, Campesino, Valencia Gold, Fuzzy Navel 162

Drinks mit Sirup

Alexander, Alexandra, Rum-Alexander, Almond Eye, Angelic 164
Adonis, Golden Glover, Banana Mix, Last Kiss, Absinth American 166
Gimlet, Apricot Flip, Leo 25, Rosy Dawn, Twin 168
Hannibal, Che Che, Irish Rose, Del Monte, Danach 170
Oriental Dream, Raffaelo, Refresco De Papaya, Himbeercocktail, Marsala Flip 172
Sommernachtstraum, Miss Piggy, Froggy, B 75, Sweet Dreams 174

Drinks mit Tequila

Black Death, Bloody Bull, Prince, Macho, Mexicana 176
Margarita, Eldorado, Akzent, Acapulco, Mango Tequila 178
Tequila Sunrise, Bertha, Azteca, Apollo 8, Sombrero 180
Zorro, Tequila Boys, Green Widow, Caramba, Tequini 182

Drinks mit Vermouth

Bonn 2000, Rose French, Noilly Prat Sour, Bamboo, Big Apple 184
Martini Dry, Croisette, Vermouth Addington, A.B.V., Dry Eyes 186
Mosko-Green, Almaza, Goccia Di Luna, Victoria, Rosita 188
Spring Time, Viva Limone, Berry Rosso, Orancio Sole, Grand Cinzano 190

Drinks mit Wein

Ki-Pfi-Bowle, Erdbeerbowle, Bunte Fruchtbowle, Traubensaftbowle, Ananasbowle 192

Drinks mit Whisky

Alexander Young, Passion Beam, Ward Eight, Tennessee Sunset, Whiskey Flip 194
Chivas Life, Double Apple, Bora Bora, Blood And Sand, Sky Boat 196
Destino's, Horse's Neck, Paddy, Irish Fix, John Wood 198
Mint Julep, Amaretto Cooler, Kentucky Peach, New Yorker, Waldorf Astoria 200

Drinks mit Wodka

Coco-Yaya, Jet-Set Cocktail, Cavallino, Großherzogin-Cocktail, Gim Galli 202
Cool Batida, Peach Lady, Nightflight, Salty Dog, Russian Bear 204
Russian Summer, Ice Land, Eisbär, Väterchen Aljoscha, Sandy Beach 206

Verzeichnis aller Cocktails 208

VORWORT

Wollen Sie eine gemütliche Baratmosphäre in den eigenen vier Wänden zaubern? Mit diesem Buch gelingt es Ihnen. Frei nach dem Motto: Spaß haben und Cocktails trinken.

Mit den folgenden 500 süffigen Mixgetränken lässt sich der Durst auf leckerste Art stillen.

Von allgemein bekannten Klassikern über neue exotische Kreationen, fruchtige Bowlen, hochprozentige Hot Drinks bis hin zu alkoholfreien Mischgetränken reicht die Bandbreite. Da ist garantiert für jeden Geschmack und alle Gelegenheiten das Passende dabei.

Werden Sie Ihr eigener Barkeeper, es ist ganz leicht. Nur wenige Geräte müssen Sie besitzen, einige Fachbegriffe kennen.

Zur Grundausstattung gehören:
Barlöffel (Abkürzung BL), Barsieb (10), Shaker, Ice Crusher (4), Holzstößel (1), Messbecher (5)

Folgende Gläser sollten Sie haben:
Cocktailglas (2) und Cocktailschale (3) sind Stielgläser mit einem Fassungsvermögen von 5 bis 10 cl. In ihnen werden klassische Cocktails wie Manhattan oder Martini serviert.

Sektglas (6), Sektflöte (6), Sektschale (7) eignen sich für alle mit Sekt oder Champagner zubereiteten Cocktails und Aperitifs.

Longdrinkgläser (8) haben ein Fassungsvermögen von 20 bis 25 cl. In ihnen können Sie alle Drinks kredenzen, die mit Säften, Soda, Tonic- oder Mineralwasser aufgefüllt bzw. mit viel Eis serviert werden. Ideal auch für Milch-Mixgetränke.

Tumbler sind Bechergläser mit einem extrem dicken Glasboden. Sie haben ein Fassungsvermögen zwischen 15 und 25 cl, sind ideal für Sours und einige Longdrinks.

Biergläser brauchen Sie für Bier-Mischgetränke wie Radlerhalbe, Rheinwasser oder Krefelder.

In Fancy-Gläsern (9) servieren Sie Tropical-Drinks mit viel Eis, aber auch einige alkoholfreie Mixgetränke.

Punsch- oder Groggläser brauchen Sie für alle Heißgetränke, die Sie nicht in einer Tasse oder einem Becher servieren.

Bowlengläser nehmen Sie für Bowlen.

Fachbegriffe:
Beim Mixen von Cocktails gibt es unterschiedliche Zubereitungsarten:

Alle Cocktails, die trübe Bestandteile (z.B. Saft) enthalten, werden geschüttelt, damit die Mischung homogen wird. Dazu gießen Sie alle erforderlichen Drink-Zutaten in den gut gekühlten Shaker, dann geben Sie fünf Eiswürfel hinein und verschließen den Shaker fest.

Danach gilt es zu schütteln. Profilike geht's so: Shaker am Kopfende und an der Seite festhalten und den Shaker von kurz vor der Brust über die Schulter hinweg bewegen. Dabei sollten die Eiswürfel vom Shakerboden direkt zur Spitze getrieben werden und nicht billardartig von einer Seite auf die andere.

5x schütteln reicht, dann ist der Drink genug gekühlt; jede weitere Bewegung würde ihn nur unnötig verwässern. Gießen Sie den fertig geschüttelten Drink durch das Sieb am Shakerkopf oder durch ein extra Barsieb ins bereitstehende Glas ab – dabei bleibt das Eis im Shaker zurück – garnieren und servieren Sie ihn sofort.

Alle Cocktails, die nur klare Bestandteile enthalten, werden gerührt. Das Rühren geschieht im Barglas: Eiswürfel und Zutaten hineingeben, dann schnell und kräftig mit einem Barlöffel gut verrühren. Den fertig gerührten Drink durch ein Barsieb abgießen, garnieren und servieren.

Wollen Sie einen Cocktail mit Früchten, festen Cremes oder viel Sahne bereiten, sollten Sie die Zutaten in einen Elektromixer (Profis verwenden einen Blender) füllen und vermischen. Der Fachausdruck hierfür ist „blenden".

Prost!

1
Caipirinha 51
2
3
4
5
6
7
8
9
10

DEATH IN THE AFTERNOON

DEATH IN THE AFTERNOON

Erst ein Death in the Afternoon löste die Zunge Hemingways. Nachdem der Künstler seinen Lieblingscocktail in Händen hielt, war er endlich gnädig bereit, dem amerikanischen Magazin Esquire ein Interview zu geben. Seither ist die explosive Mischung aus Absinth und Sekt Legende.

Was Sie brauchen:
2 cl Absinth
Schlumberger Sparkling

So wirds gemacht:
1. Absinth in ein Sektglas gießen und mit gut gekühltem Sekt auffüllen.

BLACK THORN

Was Sie brauchen:
2 cl Irish Whiskey
2,5 cl Vermouth Dry
4 Dash Orange-Bitter
4 Dash Absinth

So wirds gemacht:
1. Whiskey, Vermouth, Orange-Bitter und Absinth in einem Rührglas verrühren.
2. Black Thorn in ein Cocktailglas abseihen.

ABSINTH C 3

Was Sie brauchen:
2 cl Absinth
1 cl Gin
1 BL Zuckersirup

So wirds gemacht:
1. Absinth, Gin und Zuckersirup in einem Rührglas verrühren.
2. Zwei Eiswürfel in ein Cocktailglas geben, Absinth C 3 darüber abseihen.

ALRAUNE COCKTAIL

Was Sie brauchen:
1,5 cl Absinth
1,5 cl Amer Picon
1,5 cl Nusslikör

So wirds gemacht:
1. Zwei Eiswürfel in einen Tumbler geben. Absinth, Picon und Likör darüber gießen und kurz verrühren.
2. 1,5 cl kaltes Wasser angießen. Alraune Cocktail jetzt nicht mehr rühren.

BOMBAY

Was Sie brauchen:
1,5 cl Vermouth Bianco
1,5 cl Vermouth Dry
1 Dash Absinth
2 Dash Curaçao
3 cl Weinbrand

So wirds gemacht:
1. Vermouth, Absinth, Curaçao und Weinbrand in einem Shaker schütteln.
2. Bombay in ein Cocktailglas abseihen.

BERLINER WEISSE MIT SCHUSS

BERLINER WEISSE MIT SCHUSS

Die Berliner Weiße mit Schuss ist so typisch für die Hauptstadt wie das Brandenburger Tor. Grundlage dieses Getränks ist die in Berlin beliebte Berliner Weiße, ein obergäriges Bier, das mit einer Mischung aus Gersten- und Weizenmalz gebraut wird. Pur schmeckt Berliner Weiße leicht säuerlich, deshalb wird sie gern mit einem Schuss Sirup vermischt.

Was Sie brauchen:

1–2 cl Waldmeistersirup oder Sirup mit Himbergeschmack
0,25 l Berliner Weiße

So wirds gemacht:

1. Waldmeistersirup in ein großes Glas gießen und mit der Berliner Weiße auffüllen.

Deko-Tipp:
Trinkhalm

CAIBIRINHA

Was Sie brauchen:

4 cl Crème de Cassis
2 cl Rum
1/2 Limette
0,3 l Weißbier

So wirds gemacht:

1. Crème de Cassis, Rum und Limette in ein Bierglas geben. Limette zerdrücken.
2. Drei Eiswürfel ins Glas geben, mit Bier auffüllen.

BERLINER BOWLE

Was Sie brauchen für 6–8 Gläser:

3 cl Zitronensaft
5 cl Zuckersirup
1 l Weißbier
0,7 l Sekt

So wirds gemacht:

1. Zitronensaft und Zuckersirup in einem Bowlengefäß verrühren.
2. Berliner Bowle mit Bier und Sekt auffüllen. In Bowlengläsern servieren.

Deko-Tipp:
1 Zitronenspirale

DIESEL

Was Sie brauchen:

2 cl Crème de Cassis
10 cl Cidre
12 cl helles Bier

So wirds gemacht:

1. Crème de Cassis und Cidre in einem Bierglas verrühren.
2. Diesel mit Bier auffüllen.

DIRTY AD MA

Was Sie brauchen:

0,25 l Bier
4 cl Wodka

So wirds gemacht:

1. Bier in ein Bierglas gießen. Wodka zufügen und etwas umrühren.

EXPORT PUNCH

EXPORT PUNCH

Das Exportbier wurde erstmals um 1700 im Dortmunder Bereich gebraut. Es verdankt seinen Namen seiner Bestimmung. Das Bier war für ferne Länder bestimmt, musste über längere Strecken transportiert werden und wurde deshalb stärker eingebraut.

Was Sie brauchen:
3 cl Lemon Hart Rum Gold
2 cl Safarilikör
1 cl Orangensirup
1 cl Limettensaft
4 cl Maracujasaft
Exportbier zum Auffüllen

So wirds gemacht:
1. Rum, Likör, Sirup und Säfte in einem Shaker schütteln.
2. Export Punch in ein Longdrinkglas abseihen, mit Exportbier auffüllen.

CHURCHILL

Was Sie brauchen:
3 cl Campari
Exportbier zum Auffüllen

So wirds gemacht:
1. Campari in ein Bierglas füllen und mit Exportbier auffüllen.

GREEN WAVE

Was Sie brauchen:
2 Dash Wodka
2 BL Curaçao Blue
Exportbier zum Auffüllen

So wirds gemacht:
1. Wodka und Curaçao in ein Longdrinkglas geben und verrühren. Mit Exportbier auffüllen.

HERRENGEDECK

Was Sie brauchen:
0,15 l Exportbier
0,15 l Sekt

So wirds gemacht:
1. Exportbier in ein Longdrinkglas gießen, langsam mit Sekt auffüllen.

JEAN BIÈRE

Was Sie brauchen:
1 cl Cognac
0,2 l Exportbier

So wirds gemacht:
1. Cognac in ein Longdrinkglas gießen und mit Exportbier auffüllen.

KÖLSCH COLADA

KÖLSCH COLADA

Das Kölner Brauamt gab es bereits im Jahre 1250. Aber erst im März 1986 unterzeichneten 24 Brauereien die „Kölsch-Konvention", die „Kölsch" als geschützte geographische Herkunftsbezeichnung festschrieb. Das Bundeskartellamt erkannte diese Wettbewerbsregeln des Kölner Brauereiverbandes e.V. an, und damit dürfen nur diese Brauereien aus Köln und dem direkten Umland „Kölsch" brauen.

Was Sie brauchen:
4 cl Cream of Coconut
8 cl Ananassaft
4 cl weißer Rum
Kölsch zum Auffüllen

So wirds gemacht:
1. Cream of Coconut, Ananassaft und Rum in einem Shaker schütteln.
2. In ein Bierglas abseihen, mit Kölsch auffüllen.

Deko-Tipp:
1 Ananasstück + 1 Cocktailkirsche

BIER BRAUSE

Was Sie brauchen:
1 cl Granadine
10 cl Ginger Ale
Kölsch zum Auffüllen

So wirds gemacht:
1. Ein Bierglas 3/4 mit Crushed Ice füllen. Grenadine und Ginger Ale darüber gießen.
2. Mit Kölsch auffüllen.

Deko-Tipp:
1 Cocktailkirsche

LADY'S BEER

Was Sie brauchen:
1 cl Rum
6 cl Sahne
1 cl Kirschsaft
0,15 l Kölsch

So wirds gemacht:
1. Rum, Sahne und Kirschsaft in einem Shaker schütteln.
2. In ein Bierglas abseihen, mit Kölsch auffüllen.

TOWARISCH

Was Sie brauchen:
3 cl Zitronensaft
4 cl Wodka
0,3 l Kölsch zum Auffüllen

So wirds gemacht:
1. Zitronensaft und Wodka in ein Bierglas gießen, umrühren, mit Kölsch auffüllen.

DIPLOMAT

Was Sie brauchen:
0,15 l Kölsch
0,15 l Sekt

So wirds gemacht:
1. Kölsch in ein Bierglas gießen. Langsam mit Sekt auffüllen.

RADLERHALBE

RADLERHALBE

Dieser Mix aus Bier und Brause entstand in einer Notlage. Der bayerische Gastwirt Franz Xaver Kugler, hatte an einem schönen Sommertag des Jahres 1922 nicht mehr genug Bier, deshalb streckte er seine Bestände mit Zitronenbrause. Ein neues Modegetränk war geboren. In Norddeutschland ist der Durstlöscher unter dem Namen Alsterwasser bekannt.

Was Sie brauchen:
0,15 l Zitronenlimonade
0,15 l Bier

So wirds gemacht:
1. Brause in ein Bierglas gießen, Kohlensäure mit einem Stab etwas ausschlagen.
2. Mit Bier auffüllen.

FRUCHTBIER

Was Sie brauchen für 4 Gläser:
1 haselnussgroßes Stück kandierter Ingwer
4 cl Nusslikör, 4 Gewürznelken
1 abgeriebene Zitronenschale
je 0,25 l Orangen- und Grapefruitsaft
2 EL Zitronensaft
3 EL Honig
0,5 l Bier

So wirds gemacht:
1. Ingwer klein schneiden, mit Likör, Nelken, Zironenschale, Säften und Honig verrühren. 2 Stunden ziehen lassen.
2. Mit Bier auffüllen. Fruchtbier in Bowlengläsern servieren.

RHEINWASSER

Was Sie brauchen:
0,15 l Orangenbrause
0,15 l Bier

So wirds gemacht:
1. Brause in ein Bierglas gießen, Kohlensäure mit einem Stab etwas ausschlagen.
2. Mit Bier auffüllen.

KREFELDER

Was Sie brauchen:
0,15 l Cola
0,15 l Bier

So wirds gemacht:
1. Cola in ein Bierglas gießen, Kohlensäure mit einem Stab etwas ausschlagen.
2. Mit Bier auffüllen.

LIVETAIL

Was Sie brauchen:
2 cl Cachaça
4 cl Lime Juice
19 cl Altbier

So wirds gemacht:
1. Cachaça und Lime Juice in einem Bierglas verrühren. Mit Altbier auffüllen.

WEIZENBIER MOJITO

WEIZENBIER MOJITO

Weizenbier, auch Weißbier genannt, war schon im Mittelalter in Bayern beliebt und wurde in vielen Brauereien hergestellt. Das änderte sich abrupt als 1567 das bayrische Herrscherhaus das Brauen von Weizenbier verbot. Die fadenscheinige Begründung: „Das Bier sei ein unnützes Getränk, das weder führe noch nähre, noch Kraft und Macht gäbe, sondern nur zum Trinken reize." In Wahrheit sollte der kostbare Weizen nicht weiter zum Bierbrauen verwendet werden. Nur noch das Geschlecht der Degenberger durfte von da ab Weizenbier brauen.

Was Sie brauchen:
3 Stängel Minze
3 cl Limettensaft
2 BL Zucker
5 cl weißer Rum
Weizenbier zum Auffüllen

So wirds gemacht:
1. Minzstängel zerknicken und in ein Longdrinkglas geben, Limettensaft und Zucker zufügen, alles mit einem Stößel zerdrücken. Rum zugießen, umrühren.
2. Mit Weizenbier auffüllen.

GAASS

Was Sie brauchen:
1 cl Kirschlikör
2 cl Weinbrand
0,15 l Cola
0,15 l Weizenbier

So wirds gemacht:
1. Kirschlikör, Weinbrand und Cola in ein Bierglas gießen, umrühren.
2. Mit Weizenbier auffüllen.

GOLDEN VELVET

Was Sie brauchen:
2 Dash Ananassaft
0,125 l Weizenbier
0,125 l Champagner

So wirds gemacht:
1. Ananassaft und Weizenbier in ein Bierglas geben, etwas umrühren.
2. Mit Champagner auffüllen.

Deko-Tipp:
1 Minzestiel

ISARWASSER

Was Sie brauchen:
1 Dash Curaçao Blue
0,15 l Apfelsaft
0,15 l Weizenbier

So wirds gemacht:
1. Curaçao und Apfelsaft in ein Longdrinkglas geben, umrühren.
2. Mit Weizenbier auffüllen.

TULIP

Was Sie brauchen:
1,5 cl Grenadine
0,25 l Weizenbier

So wirds gemacht:
1. Grenadine in ein Bierglas geben, mit Weizenbier auffüllen.

AMERICANO

AMERICANO

Ende des 19. Jahrhunderts stellte der Gastwirt und Destillateur Caspare Davide Campari aus Mailand den ersten Campari her. Seitdem hat der Bitterbranntwein aus Kräutern, Zitrusschale und Teilen der Schildlaus seinen Siegeszug – speziell als Aperitif – um die ganze Welt angetreten.

Was Sie brauchen:
3 cl Campari
3 cl Cinzano Rosso
Sodawasser zum Auffüllen
Orangenschale

So wirds gemacht:
1. Einige Eiswürfel in einen Tumbler geben. Campari und Cinzano darüber gießen, alles verrühren.
2. Mit Sodawasser auffüllen. Orangenschale hineingeben.

AMERICANO SPEZIAL

Was Sie brauchen:
2 cl Campari
2 cl Cinzano Rosso
2 cl Gin
2 cl Orangensaft

So wirds gemacht:
1. Einige Eiswürfel in einen Tumbler geben. Campari, Cinzano, Gin und Orangensaft darüber gießen, alles verrühren.

Deko-Tipp:
1 Orangenscheibe

ABENDROT

Was Sie brauchen:
4 cl Vermouth Extra Dry
1 cl Campari
1 cl Pfirsichlikör

So wirds gemacht:
1. Vermouth, Campari und Pfirsichlikör in einem Rührglas verrühren.
2. Abendrot in ein Cocktailglas abseihen.

Deko-Tipp:
1 Minzblatt

CAMPARI & WODKA

Was Sie brauchen:
3 cl Campari
3 cl Wodka
Tonic Water zum Auffüllen
1 Orangenscheibe

So wirds gemacht:
1. Einige Eiswürfel in einen Tumbler geben. Campari und Wodka darüber gießen, alles verrühren.
2. Mit Tonic Water auffüllen, Orangenscheiben hineingeben.

BEREGGI

Was Sie brauchen:
1 cl Apricot Brandy
2 cl Wodka
1,5 cl Campari
2 Dash Angostura

So wirds gemacht:
1. Apricot Brandy, Wodka, Campari und Angostura in einem Shaker schütteln.
2. Bereggi in ein Cocktailglas abseihen.

DÄNISCHER JULEKAFFEE

DÄNISCHER JULEKAFFEE

J. K. Asmund, Leiter der Brennerei der De Danske Spritfabrikker, bekam 1961 den Auftrag, einen neuen Bitterlikör zu erschaffen. Mit einer kleinen Gruppe von Mitarbeitern machte er sich an die handwerkliche Arbeit. Mitarbeiten musste aber auch die Vorstandsetage. Die Geschäftsführer dienten als Versuchskaninchen. Morgens, wenn sich die Herren versammelten, um die Post zu besprechen, bekam jeder ein Gläschen zum Probieren. Drei Jahre lang, dann waren alle einer Meinung und gaben grünes Licht für die Gammel Dansk Produktion.

Was Sie für 2 Gläser brauchen:

2 Kaffeemaß Kaffeepulver
1 Msp. gemahlener Kardamom
1 Msp. gemahlener Koriander
1 in Sirup eingelegte Ingwerpflaume
4 cl Gammel Dansk Bitter Dram
4 EL geschlagene Sahne

So wirds gemacht:

1. Kaffeepulver und Gewürze in einen Kaffeefilter geben, mit 0,3 l kochendem Wasser überbrühen.
2. Ingwerpflaume fein hacken, mit Gammel Dansk in zwei Punschgläser geben, mit Kaffee auffüllen, umrühren. Sahne als Haube auf den Julekaffee spritzen.

SCHOKOLADE MEXICANA

Was Sie für 4 Becher brauchen:

75 g geriebene Zartbitterschokolade
1 Prise Zimt, 1 Prise Gewürznelken
0,5 l Milch, 2 Eier
4 cl Gammel Dansk Bitter Dram
6 EL geschlagene Sahne

So wirds gemacht:

1. Schokolade, Gewürze und Milch unter Rühren aufkochen. Eier mit 3 EL kaltem Wasser verquirlen, in die Milch rühren, unter ständigem Schlagen einmal aufkochen.
2. Milch vom Herd ziehen, Gammel Dansk einrühren. Schokolade Mexicana in Becher gießen, mit Sahnehauben abdecken.

INGWERKAFFEE

Was Sie für 4 Tassen brauchen:

6 kandierte Ingwerpflaumen
8 cl Gammel Dansk Bitter Dram
6 EL geschlagene Sahne, 0,75 l Kaffee
2 Päckchen Vanillezucker
3 BL geröstete, gehackte Mandeln

So wirds gemacht:

1. Ingwerpflaumen fein hacken, mit Gammel Dansk begießen, über Nacht ziehen lassen.
2. Ingwer abgießen, unter die Sahne ziehen, Gammel Dansk auffangen. Kaffee mit Vanillezucker süßen, Gammel Dansk einrühren. Ingwerkaffee in vier Tassen verteilen, mit Sahnehaube abdecken und mit gehackten Mandeln bestreuen.

BACKBORD

Was Sie brauchen:

1 Dash Campari
4 cl Gin
1 cl Vermouth Dry
1 cl Gammel Dansk Bitter Dram

So wirds gemacht:

1. Campari, Gin, Vermouth und Gammel Dansk in einem Rührglas verrühren.
2. Backbord in ein Cocktailglas abseihen.

SWEET AND BITTER

Was Sie brauchen:

1 cl Gammel Dansk Bitter Dram
2 cl Kirsberry
1 Dash Zitronensaft
Mineralwasser zum Auffüllen

So wirds gemacht:

1. Gammel Dansk, Kirsberry und Zitronensaft in einem Rührglas verrühren.
2. In einen Tumbler abseihen und mit Mineralwasser auffüllen.

HAVANA RUNNER

HAVANA RUNNER

Der Würzbitter, der entscheidend für den Geschmack dieses und vieler anderer Cocktails ist, wurde in der Stadt Angostura erfunden. Der deutsche Chirurg Dr. J. Siegert war auf der Suche nach einem Malariamittel. In Venezuela stieß er auf den Angosturabaum und seine bittere Rinde. Zunächst wurde der appetitweckende Bitter wegen seines Chininanteils als Fiebermittel zusammengebraut. Nur wenig später hielt er Einzug in alle Cocktailbars der Welt.

Was Sie brauchen:
3 cl Havana Club 3 Jahre
3 cl Havana Club Anejo Reserva
2 cl Zitronensaft
1 BL Rohrzucker
6 cl Ananassaft
1 Dash Angostura

So wirds gemacht:
1. Rum, Zitronensaft, Zucker, Ananassaft und Angostura in einem Shaker schütteln.
2. Einen Tumbler zur Hälfte mit Crushed Ice füllen, Havana Runner darüber abseihen.

Deko-Tipp:
1 Ananasstück, 1 Kirsche, Trinkhalm

JUNGFERNGEBET

Was Sie brauchen:
1 cl Gin
1 cl Paprikalikör
1 Dash Angostura
1 Eigelb
1 cl Zitronensaft
1 BL Zuckersirup
1 cl Lime Juice

So wirds gemacht:
1. Gin, Likör, Angostura, Eigelb, Zitronensaft, Zuckersirup und Lime Juice in einem Shaker kräftig schütteln.
2. Jungferngebet in eine Cocktailschale abseihen.

ABC COCKTAIL

Was Sie brauchen:
3 cl Armagnac
3 cl Bénédictine
1 Dash Angostura
Champagner zum Auffüllen

So wirds gemacht:
1. Armagnac, Bénédictine und Angostura in einem Shaker schütteln.
2. In eine Sektschale abseihen. Mit Champagner auffüllen.

Deko-Tipp:
2 Cocktailkirschen

ALFONSO SPEZIAL

Was Sie brauchen:
1 cl Grand Marnier
0,5 cl Vermouth Bianco
2 cl Vermouth Dry
2 cl Gin
1 Dash Angostura

So wirds gemacht:
1. Grand Marnier, Vermouth, Gin und Angostura in einem Rührglas verrühren.
2. Alfonso Spezial in eine Sektschale abseihen.

MC LAUGHLIN

Was Sie brauchen:
4 cl Crème de Cacao
1 Dash Angostura
Champagner zum Auffüllen

So wirds gemacht:
1. Crème de Cacao und Angostura in einem Shaker schütteln.
2. In eine Cocktailschale abseihen und mit Champagner auffüllen.

Deko-Tipp:
1 Zitronenschalenstreifen

JULES APEROL

JULES APEROL

Der italienische Bitter-Aperitif Aperol wird seit 1919 in Padua hergestellt. Die aus Rhabarber, Chinarinde, Enzian, Bitterorangen, Kräutern und Alkohol hergestellte Mixtur war in dieser Zeit ein Novum. Denn anders, als es den damaligen Trinkgewohnheiten entsprach, war Aperol mit seinen nur 11% Vol. ein eher leichtes Getränk. Auch heute ist der Aperol der einzige seiner Art, der unter dem von der EU festgelegten Mindestalkoholgehalt für Bitter-Getränke von 15% Vol. liegt und dies auch darf.

Was Sie brauchen:
2 cl Aperol
Jules Mumm zum Auffüllen

So wirds gemacht:
1. Einige Eiswürfel in ein Longdrinkglas geben. Aperol darüber gießen, umrühren.
2. Mit Sekt auffüllen.

Deko-Tipp:
1 Fruchtspieß

LILIEN

Was Sie brauchen:
2,5 cl Aperol
1 cl brauner Rum
0,5 cl Maracujasirup
1,5 cl Maracujasaft
1,5 cl Zitronensaft

So wirds gemacht:
1. Aperol, Rum, Maracujasirup und Säfte in einem Shaker schütteln.
2. Lilien in ein Cocktailglas abseihen.

Deko-Tipp:
1 Orangenschalenspirale

FEW DROPS

Was Sie brauchen:
2 Dash Maraschino
2 Dash Angostura
2 cl Aperol
2 cl Vermouth Rosso
2 cl Bourbon Whiskey

So wirds gemacht:
1. Maraschino, Angostura, Aperol, Vermouth und Whiskey in einem Rührglas verrühren.
2. Few Drops in ein Cocktailglas abseihen.

Deko-Tipp:
1 Cocktailkirsche

SHORTY GEORG

Was Sie brauchen:
1 cl Cointreau
1 cl Aperol
2 cl Drambuie
2 cl Orangensaft, 1 cl Sahne

So wirds gemacht:
1. Cointreau, Aperol, Drambuie, Orangensaft und Sahne in einem Shaker schütteln.
2. Shorty Georg in eine Cocktailschale abseihen.

Deko-Tipp:
1 Kumquatscheibe

ISOLA BELLA

Was Sie brauchen:
6 cl Aperol
2 Kugeln Karamelleis
15 cl Multivitaminsaft

So wirds gemacht:
1. Aperol, Eis und Saft in einem Elektromixer blenden.
2. Isola Bella in einen Tumbler gießen.

Deko-Tipp:
1/2 Orangenscheibe, Trinkhalm

MANHATTAN

MANHATTAN

Der Manhattan stammt aus der Zeit der Weltwirtschaftskrise. Damals lag die New Yorker Börse zwar am Boden, Cocktails wurden aber trotzdem getrunken. Wer was auf sich hielt, genoss sie im New Yorker Manhattan Club. Dort soll dieser Whisky Cocktail erstmalig gemixt worden sein, als ein Gast um einen Drink bat, der nicht dick macht.

Was Sie brauchen:
4 cl Canadian Whisky
2 cl Martini Rosso
2 Dash Angostura

So wirds gemacht:
1. Whisky, Martini und Angostura in einem Shaker schütteln.
2. In eine Cocktailschale abseihen.

Deko-Tipp:
1 Cocktailkirsche

GARDE-KÜRASSIER

Was Sie brauchen:
3 cl Crème de Cacao
1,5 cl Cherry Brandy
1,5 cl Angostura

So wirds gemacht:
1. Crème de Cacao, Cherry Brandy und Angostura in einem Rührglas verrühren.
2. Garde-Kürassier in eine Cocktailschale abseihen.

GOLDEN GIRL

Was Sie brauchen:
4 cl Gin
1 Dash Angostura
1 Dash Orange-Bitter
2 cl Sherry

So wirds gemacht:
1. Gin, Angostura, Orange-Bitter und Sherry in einem Rührglas verrühren.
2. Golden Girl in eine Cocktailschale abseihen.

HONG KONG

Was Sie brauchen:
3 cl Gin
3 cl Vermouth dry
1 Dash Angostura
3 BL Limettensaft
1 Dash Zuckersirup

So wirds gemacht:
1. Gin, Vermouth, Angostura, Limettensaft und Zuckersirup in einem Shaker schütteln.
2. Hong Kong in ein Cocktailglas abseihen.

JERSEY

Was Sie brauchen:
3 cl Calvados
1 Dash Angostura
2 cl Zitronensaft
1 cl Zuckersirup

So wirds gemacht:
1. Calvados, Angostura, Zitronensaft und Zuckersirup in einem Shaker schütteln.
2. Jersey in eine Cocktailschale abseihen.

DEINHARD SUNSET

DEINHARD SUNSET

Der gebrannte Wein hat unter den Spirituosen Europas die älteste Geschichte. Im Jahr 1264 brannte Professor Taddeo Alderotti in Bologna zum ersten Mal Wein. Dies ist von der dortigen ältesten Universität historisch belegt. Für den Erfolg italienischer Branntweine spielt auch heute noch die Trebbiano-Traube aus der Emilia-Romagna eine gewichtige Rolle. Damit sich das typische Aroma der Romagnaweine voll entfalten kann, wird Vecchia Romagna nach einem Verfahren gebrannt, das die Bologneser Brennmeister eigens für ihn entwickelt haben.

Was Sie brauchen:

2 cl Vecchia Romagna Brandy
4 cl Orangensaft
2 cl Maracujasaft
Deinhard Cabinet zum Auffüllen

So wirds gemacht:

1. Brandy und Säfte in einem Shaker schütteln.
2. In ein Stielglas abseihen und mit Sekt auffüllen.

Deko-Tipp:
1 Orangenscheibe, einige Minzeblätter

CAFÉ CORRETTO

Was Sie brauchen:

1 heißer Espresso
1 cl Vecchia Romagna Brandy

So wirds gemacht:

1. Espresso in eine Tasse gießen, Brandy zufügen, Café Corretto umrühren.

POMPEII

Was Sie brauchen:

2 cl Vecchia Romagna Brandy
2 cl Crème de Cacao Weiß
2 cl Amaretto
4 cl Sahne

So wirds gemacht:

1. Brandy, Crème de Cacao, Amaretto und Sahne in einem Shaker schütteln.
2. Pompeii in eine Cocktailschale abseihen.

SOGNO

Was Sie brauchen:

2 cl Vecchia Romagna Brandy
2 cl Grand Marnier
2 cl Orangensaft
Henkel Trocken zum Auffüllen

So wirds gemacht:

1. Brandy, Grand Marnier und Orangensaft in einem Shaker schütteln.
2. In einen Sektkelch abseihen und mit Sekt auffüllen.

ARAGO

Was Sie brauchen:

4 cl Vecchia Romagna Brandy
2 cl Crème de Bananes
6 cl Sahne
1 Msp. abgeriebene Muskatnuss

So wirds gemacht:

1. Brandy, Crème de Bananes und Sahne in einem Shaker schütteln.
2. Arago in einen Tumbler abseihen. Mit Muskatnuss bestäuben.

SCORPION LADY

SCORPION LADY

Zu Beginn des 15. Jahrhunderts wurde in der heutigen Cognac-Region erstmals destilliert. Es gelang jedoch erst nach vielen Versuchen, ein optimales Brennverfahren zu finden, das auch heute noch angewendet wird. Im 17.–18. Jahrhundert begann man, den Weinbrand in Eichenholzfässern zu lagern, deren Holz aus den nahe gelegenen Wäldern des Limousin stammte. Dabei stellte man fest, dass die Qualität dadurch stieg. Der Cognac verlor an Schärfe und erhielt eine schöne goldbraune Farbe.

Was Sie brauchen:
1 cl Bacardi Carta Blanca
2 cl Cognac Otard
1,5 cl Amaretto
3 cl Zitronenssaft
4 cl Orangensaft

So wirds gemacht:
1. Rum, Cognac, Amaretto und Säfte in einem Shaker schütteln.
2. Scorpion Lady in ein Longdrinkglas abseihen.

Deko-Tipp:
2 Zitronenmelisseblätter

CAPRI COCKTAIL

Was Sie brauchen:
3 cl Cognac
1 cl Vermouth Rosso
1 Dash Angostura
1 BL Grenadine

So wirds gemacht:
1. Cognac, Vermouth, Angostura und Grenadine in einem Rührglas verrühren.
2. Capri Cocktail in ein Cocktailglas abseihen.

Deko-Tipp:
1 Kirsche

BETSY'S COCKTAIL

Was Sie brauchen:
3 cl Cognac
3 cl Portwein
1 Dash Orangenlikör
2 Dash Angostura

So wirds gemacht:
1. Cognac, Portwein, Orangenlikör und Angostura in einem Shaker schütteln.
2. Betsy's Cocktail in ein Cocktailglas abseihen.

Deko-Tipp:
2 Zitronenschalenstreifen

JAMES

Was Sie brauchen:
2 cl Cognac
2 cl Gin
3 cl Chartreuse
1,5 cl Zitronensaft

So wirds gemacht:
1. Cognac, Gin, Chartreuse und Zitronensaft in einem Shaker schütteln.
2. James in eine Cocktailschale abseihen.

Deko-Tipp:
2 Limettenschalenstreifen

ALBA

Was Sie brauchen:
2 cl Cognac
2 cl Orangensaft
1 cl Himbeersirup

So wirds gemacht:
1. Cognac, Orangensaft und Himbeersirup in einem Shaker schütteln.
2. Alba in eine Cocktailschale abseihen.

Deko-Tipp:
1 Cocktailkirsche

CAIPIRINHA

CAIPIRINHA

Das brasilianische Nationalgetränk ist die Grundlage des Caipirinha. Der Caipirinha wird in Brasilien bei jedem geselligen Beisammensein, auf dem Grillfest oder zur „Feijoada", dem typischen Eintopf aus schwarzen Bohnen, getrunken.

Was Sie brauchen:
1 Limette
1 BL brauner Rohrzucker
5 cl Cachaça

So wirds gemacht:
1. Limette achteln, in einen Tumbler geben, Zucker darüber streuen, mit einem Stößel den Saft ausdrücken.
2. Mit Crashed Ice auffüllen, Cachaça darüber gießen.

KIRSCHBLÜTE

Was Sie brauchen:
2 cl Cachaça
6 cl Kokoslikör
6 cl Kirschsaft
6 cl Ananassaft

So wirds gemacht:
1. Cachaça, Kokoslikör und Säfte in einem Shaker schütteln.
2. Kirschblüte in ein Longdrinkglas abseihen.

Deko-Tipp:
2 Kirschen

BATIDA DE MEL

Was Sie brauchen:
1 Limette
1 BL Honig
6 cl Lime Juice
6 cl Cachaça

So wirds gemacht:
1. Limette achteln, in einen Tumbler geben, Honig und Lime Juice darüber geben, mit einem Stößel den Saft ausdrücken.
2. Mit Crashed Ice auffüllen, Cachaça darüber gießen.

CAIPIMARA

Was Sie brauchen:
1 Limette
1 BL brauner Rohrzucker
6 cl Cachaça
4 cl Maracujasaft

So wirds gemacht:
1. Limette achteln, in einen Tumbler geben, Zucker darüber streuen, mit einem Stößel den Saft ausdrücken.
2. Mit Crashed Ice auffüllen, Cachaça und Maracujasaft darüber gießen.

RIO LIBERTÀ

Was Sie brauchen:
4 cl Cachaça
1 cl Limettensaft
10 cl Maracujasaft

So wirds gemacht:
1. Eiswürfel in ein Longdrinkglas geben, Cachaça und Säfte darüber gießen. Rio Liberta umrühren.

Deko-Tipp:
1 Limettenscheibe, Trinkhalm

from Braz
Cachaç
51
Pirass
Made from Sugar Cane D
40% alc / vol. 70 cl e - PRODUCT

RIO

RIO

In seiner Heimat Brasilien steht der Zuckerrohrschnaps Cachaça an erster Stelle. 850 Millionen Liter rinnen alljährlich durch die Kehlen der Brasilianer. Im Gegensatz zum Rum, der aus Zuckerrohrmelasse hergestellt wird, ist Cachaça ein Destillat aus frischem, noch grünem Zuckerrohr.

Was Sie brauchen:
4 cl Cachaça
4 cl Coco Tara Cream of Coconut
2 cl Lime Juice
6 cl Coco Tara Pinapple Juice
8 cl Orangensaft

So wirds gemacht:
1. Cachaça, Cream of Coconut, Lime Juice und Säfte in einem Shaker schütteln.
2. Rio in ein Longdrinkglas abseihen.

Deko-Tipp:
1 Limettenscheibe

COPACABANA

Was Sie brauchen:
4 cl Cachaça
2 cl Mangosirup
2 cl Kaffeesahne
4 cl Kirschsaft
8 cl Coco Tara Pineapple Juice

So wirds gemacht:
1. Cachaça, Mangosirup, Kaffeesahne und Säfte in einem Shaker schütteln.
2. Copacabana in ein Longdrinkglas abseihen.

Deko-Tipp:
1 Minzestiel

ARANCO

Was Sie brauchen:
4 cl Cachaça
2 cl Cherry Brandy
2 cl Zitronensaft
6 cl Orangensaft

So wirds gemacht:
1. Cachaça, Cherry Brandy und Säfte in einem Shaker schütteln.
2. Aranco in einen Tumbler abseihen.

Deko-Tipp:
1 Erdbeere

BRASILEIRO

Was Sie brauchen:
5 cl Cachaça
2 cl Coco Tara Cream of Coconut
6 cl Kirschsaft
6 cl Coco Tara Pineapple Juice
1 cl Zitronensaft

So wirds gemacht:
1. Cachaça, Cream of Coconut und Säfte in einem Elektromixer blenden.
2. Ein Longdrinkglas zur Hälfte mit Crashed Ice füllen, Brasileiro darüber gießen.

SÃO PAULO

Was Sie brauchen:
2 cl Cognac
2 cl Kaffeelikör
1 Dash Cachaça

So wirds gemacht:
1. Cognac, Kaffeelikör und Cachaça in einem Shaker schütteln.
2. São Paulo in ein Cocktailglas abseihen.

Deko-Tipp:
Mit 1 Prise Kaffeepulver bestäuben

BÉNÉDICTINE MIT CHAMPAGNER

BÉNÉDICTINE MIT CHAMPAGNER

Der Wein der Champagne hatte schon in frühester Zeit einen guten Ruf. Bereits vor 2000 Jahren wurde in der nordöstlich von Paris gelegenen Champagne Weinbau betrieben. Bis zum 17. Jahrhundert moussierten diese Weine jedoch nicht. Die Herstellung von moussierendem Champagner wurde während der Regierungszeit Ludwigs XIV. (1643–1715) entdeckt. Wichtige Arbeitsschritte der „Méthode Champenoise“ entwickelten Winzer erst im 19. Jahrhundert.

Was Sie brauchen:
4 cl Bénédictine Dom Liqueure
Champagner zum Auffüllen

So wirds gemacht:
1. Bénédictine in eine Sektflöte gießen. Mit Champagner auffüllen.

BELLINI

Was Sie brauchen:
5 cl Pfirsichsaft
1 Dash Angostura
Champagner zum Auffüllen

So wirds gemacht:
1. Pfirsichsaft und Angostura in eine Sektflöte geben, umrühren.
2. Mit Champagner auffüllen.

Deko-Tipp:
1 Cocktailkirsche

CHAMP

Was Sie brauchen:
2 cl Vermouth Dry
Champagner zum Auffüllen

So wirds gemacht:
1. Vermouth in eine Sektflöte geben, mit Champagner auffüllen.

CHICAGO

Was Sie brauchen:
2 cl Cognac
1 BL Curaçao Orange
1 Dash Angostura
Champagner zum Auffüllen

So wirds gemacht:
1. Cognac, Curaçao und Angostura in einem Rührglas verrühren.
2. In eine Sektflöte abseihen und mit Champagner auffüllen.

JACQUES LAMELOISE

Was Sie brauchen:
2 cl Himbeerlikör
1 cl Pflaumenlikör
Champagner zum Auffüllen

So wirds gemacht:
1. Himbeerlikör und Pflaumenlikör in eine Sektflöte geben, umrühren.
2. Mit Champagner auffüllen.

BLOW UP GREEN GHOST AZZURO BACIO

BLOW UP

BLOW UP

Die Wiege der schäumenden Weine stand in Frankreich. Dort wurde mit dem „Blanquette de Limoux" 1544 erstmals ein schäumender Wein erwähnt. Fast 200 Jahre später begann die Entwicklung des Champagners. In Frankreich des 19. Jahrhunderts lernten deutsche Kellermeister die Kunst der Champagnerherstellung. Sie brachten dieses Wissen anschließend in ihre Heimat und gründeten die ersten deutschen Sektkellereien. Insbesondere bei der Herstellung der „Cuvée", einer Mischung mehrerer Weinsorten als Grundlage der Sektbereitung, gingen viele deutsche Hersteller eigene Wege.

Was Sie brauchen:
2 cl Erdbeerlikör
2 cl Curaçao Triple Sec
6 cl Orangensaft
10 cl Henkell Trocken zum Auffüllen

So wirds gemacht:
1. Erdbeerlikör, Curaçao und Orangensaft in einem Shaker schütteln.
2. Blow up in ein Longdrinkglas abseihen und mit Sekt auffüllen.

Deko-Tipp:
1 Erdbeere

GRANDIOSO

Was Sie brauchen:
2 cl Wodka Gorbatschow
2 cl Curaçao Triple Sec
1 cl Zuckersirup
10 cl Henkell Trocken zum Auffüllen

So wirds gemacht:
1. Wodka, Curaçao und Zuckersirup in einem Shaker schütteln.
2. Ein Longdrinkglas zur Hälfte mit Eiswürfeln füllen. Grandioso darüber abseihen, mit Sekt auffüllen.

Deko-Tipp:
1 Orangenscheibe

GREEN GHOST

Was Sie brauchen:
4 cl Grüne Banane Likör
6 cl Orangensaft
10 cl Henkell Trocken zum Auffüllen

So wirds gemacht:
1. Likör und Orangensaft in einem Shaker schütteln.
2. Ein Longdrinkglas zur Hälfte mit Eiswürfeln füllen. Green Ghost darüber abseihen. Mit Sekt auffüllen.

Deko-Tipp:
1 Fruchtspieß

AZZURRO BACIO

Was Sie brauchen:
3 cl Curaçao Blue
2 cl Lime Juice
1 cl Zitronensaft
10 cl Henkell Trocken zum Auffüllen

So wirds gemacht:
1. Curaçao, Lime Juice und Zitronensaft in einem Shaker schütteln.
2. In ein Sektglas abseihen und mit Sekt auffüllen.

HEMINGWAY

Was Sie brauchen:
4 cl weißer Rum
2 cl Zitronensaft
1 cl Zuckersirup
10 cl Henkell Trocken zum Auffüllen

So wirds gemacht:
1. Rum, Zitronensaft und Zuckersirup in einem Shaker schütteln.
2. In ein Sektglas abseihen und mit Sekt auffüllen.

JULES DAISY

JULES DAISY

Ein Daisy (im US-Slang steht daisy auch für „bemerkenswert", „toll") ist ein so genanntes Damengetränk. Früher wurden Daisies aus Zitronensaft und Fruchtsirup hergestellt und mit Mineralwasser aufgefüllt. Heute ist das anders. Sie werden aus Saft, Sirup und einer kleinen Menge einer Spirituose zubereitet und anschließend auch mal mit Sekt aufgefüllt.

Was Sie brauchen:
2 cl Grenadine
1 BL Zucker
2 cl Brandy
2 cl Zitronensaft
Jules Mumm Medium Dry zum Auffüllen

So wirds gemacht:
1. Ein Longdrinkglas erst in Grenadine, dann in Zucker tauchen. Brandy und Zitronensaft in einem Rührglas verrühren.
2. In das Longdrinkglas abseihen und mit Jules Mumm auffüllen.

SPOTLIGHT

Was Sie brauchen:
3 cl Kirschlikör
1 cl Campari
1 cl Vermouth Dry
1 cl Gin
Sekt zum Auffüllen

So wirds gemacht:
1. Kirschlikör, Campari, Vermouth und Gin in einem Shaker schütteln.
2. In eine Sektflöte abseihen und mit Sekt auffüllen.

Deko-Tipp:
1 Cocktailkirsche

SOUTHERN DREAM

Was Sie brauchen:
4 cl Southern Comfort
4 cl Kirschsaft
1 cl Grenadine
trockener Sekt zum Auffüllen

So wirds gemacht:
1. Southern Comfort, Kirschsaft und Grenadine in einem Shaker schütteln.
2. In eine Sektflöte abseihen und mit Sekt auffüllen.

Deko-Tipp:
1 Cocktailkirsche

GIPSY

Was Sie brauchen:
4 cl Aperol
2 cl Orangensaft
1 Spritzer Angostura
Sekt zum Auffüllen

So wirds gemacht:
1. Aperol, Orangensaft und Angostura in einem Shaker schütteln.
2. In eine Sektflöte abseihen und mit Sekt auffüllen.

GULF STREAM

Was Sie brauchen:
1 cl Blue Curaçao
1 cl Wodka
1 cl Lime Juice
Sekt zum Auffüllen

So wirds gemacht:
1. Curaçao, Wodka und Lime Juice in einem Shaker schütteln.
2. In eine Cocktailschale abseihen und mit Sekt auffüllen.

KIR ROYAL

KIR ROYAL

Die Wiege des Kir Royal stand im burgundischen Dijon. Der Domherr und Bürgermeister der Stadt Félix-Adrien Kir (1945–1968) machte diesen In-Drink populär. Er verfügte, dass der Kir Royal als offizieller Rathaustrunk zu allen Empfängen gereicht wurde.

Was Sie brauchen:
1 cl Cassissée Crème de Cassis
10 cl Lanson Black Lable Brut

So wirds gemacht:
1. Crème de Cassis in ein Sektglas geben, mit Lanson Champagner auffüllen.

RED MOON

Was Sie brauchen:
2 cl Bourbon
2 cl Portwein
0,5 l Grenadine
Champagner zum Auffüllen

So wirds gemacht:
1. Whiskey, Portwein und Grenadine in einem Shaker schütteln.
2. In einen Sektkelch abseihen und mit Champagner auffüllen.

Deko-Tipp:
1 Erdbeere

BLUE STAR

Was Sie brauchen:
2 cl Curaçao Blue
2 cl Gin
2 cl Zitronensaft
Champagner zum Auffüllen

So wirds gemacht:
1. Curaçao, Gin und Zitronensaft in einem Shaker schütteln.
2. In einen Sektkelch abseihen und mit Champagner auffüllen.

Deko-Tipp:
1 Aprikosenspalte

VALENCIA SMILE

Was Sie brauchen:
2 cl Apricot Brandy
2 cl Orangensaft
3 Dash Orange-Bitter
Champagner zum Auffüllen

So wirds gemacht:
1. Apricot Brandy, Orangensaft und Orange-Bitter in einem Shaker schütteln.
2. In einen Sektkelch abseihen und mit Champagner auffüllen.

GRAND CHAMPAGNER

Was Sie brauchen:
2 cl Grand Marnier
2 cl Orangensaft
1 Dash Zitronensaft
1 Dash Angostura
Champagner zum Auffüllen

So wirds gemacht:
1. Grand Marnier, Säfte und Angostura in einem Shaker schütteln.
2. In einen Sektkelch abseihen und mit Champagner auffüllen.

LA DOLCE VITA

LA DOLCE VITA

Prosecco, der Name steht für eine Rebsorte, nicht für ein bestimmtes Herstellungsverfahren. 90 % aller Prosecco-Weine werden allerdings nach dem Tankgärverfahren zu Schaumwein (Spumante) oder Perlwein (Frizzante – kürzere Gärzeit und dadurch weniger Kohlensäure und sektsteuerfrei) verarbeitet. Nur der Rest wird als stiller Wein angeboten.

Was Sie brauchen:
2 cl Vecchia Romagna Brandy
4 cl Orangensaft
2 cl Maracujasaft
10 cl Prosecco Yello zum Auffüllen

So wirds gemacht:
1. Brandy und Säfte in einem Shaker schütteln.
2. In ein Sektglas abseihen und mit Prosecco auffüllen.

Deko-Tipp:
1 Fruchtspieß, 1 Physalis, 1/2 Passionsfrucht

ADRIA LOOK

Was Sie brauchen:
2 cl Curaçao Blue
2 cl Gin
2 cl Zitronensaft
Prosecco Yello zum Auffüllen

So wirds gemacht:
1. Curaçao, Gin und Zitronensaft in einem Shaker schütteln.
2. In eine Sektflöte abseihen und mit Prosecco auffüllen.

Deko-Tipp:
2 Aprikosenspalten

VULCANO

Was Sie brauchen:
3 cl Himbeergeist
2 cl Curaçao Blue
1 Stück Orangenschale
Prosecco Yello zum Auffüllen

So wirds gemacht:
1. Himbeergeist und Curaçao in eine Cocktailschale geben, unter Rühren anzünden. Das ätherische Öl der Orangenschale in die Flamme spritzen, Orangenschale ins Glas geben.
2. Mit Prosecco auffüllen.

STARNACHT

Was Sie brauchen:
30 g Honigmelone
1 Dash Zitronensaft
10 cl Prosecco zum Auffüllen

So wirds gemacht:
1. Honigmelone und Zitronensaft pürieren und in ein Sektglas geben.
2. Mit Prosecco auffüllen.

APEROL PROSECCO

Was Sie brauchen:
4 cl Aperol
10 cl Prosecco zum Auffüllen

So wirds gemacht:
1. Eine Sektschale mit Eiswürfeln füllen. Aperol darüber gießen, umrühren.
2. Mit Prosecco auffüllen.

Deko-Tipp:
1/2 Orangenscheibe

BOMBAY CRUSHED

BOMBAY CRUSHED

Der Vorläufer des heutigen Gins ist ein mit Wacholderbeeren gewürztes Korndestillat aus Holland. Von seinem namen „Genièvre" (französisch für Wacholder) leitete sich später die Bezeichnung Gin ab. Englische Soldaten lernten das Getränk auf dem Kontinent kennen und brachten es, als Wilhelm von Oranien 1689 englischer König wurde, mit auf die Insel. Dort nahm die Ginproduktion im späten 17. und frühen 18. Jahrhundert ihren großen Aufschwung.

Was Sie brauchen:
2 BL brauner Zucker
4 Kumquats
4 cl Bombay Sapphire London Dry Gin
2 cl Lime Juice

So wirds gemacht:
1. Zucker und halbierte Kumquats in ein Longdrinkglas geben, mit einem Mörser leicht zerdrücken. Glas mit Crushed Ice auffüllen.
2. Gin und Lime Juice über das Eis laufen lassen. Bombay Crushed umrühren.

OLD OPERA

Was Sie brauchen:
3 cl Gin
2 cl Campari
3 cl Zitronensaft
1 cl Zuckersirup
1 Eiweiß
Sodawasser zum Auffüllen

So wirds gemacht:
1. Gin, Campari, Zitronensaft, Zuckersirup und Eiweiß in einem Elektromixer blenden.
2. In ein Longdrinkglas abseihen, mit Sodawasser auffüllen.

AGA KHAN

Was Sie brauchen:
5 cl Orangensaft
3 cl Gin
1,5 cl Apricot Brandy
1,5 cl Ananassaft

So wirds gemacht:
1. Orangensaft mit zwei Eiswürfeln in ein Longdrinkglas geben.
2. Gin, Apricot Brandy und Ananassaft in einem Shaker schütteln, über dem Orangensaft abseihen.

Deko-Tipp:
1 Ananasspalte

FRIENDS

Was Sie brauchen:
3 cl Gin
3 cl Aperol
1 cl Minzlikör

So wirds gemacht:
1. Gin, Aperol und Minzlikör in einem Shaker schütteln.
2. Friends in ein Cocktailglas abseihen.

Deko-Tipp:
1 Zitronenscheibe

HOLLAND HOUSE

Was Sie brauchen:
3 cl Gin
1,5 cl Vermouth Dry
1 Dash Maraschino
1 Dash Zitronensaft
2 Oliven

So wirds gemacht:
1. Gin, Vermouth, Maraschino und Zitronensaft in einem Shaker schütteln.
2. Holland House in ein Cocktailglas abseihen, Oliven hineingeben.

SINGAPORE SLING

SINGAPORE SLING

Diese Kombination aus verschiedenen Spirituosen und Säften hat der Barkeeper der Writers Bar in Singapur 1915 das erste Mal gemixt. Die süffige Mischung wurde zum durchschlagenden Erfolg des Hauses. An Spitzentagen werden auch heute noch bis zu 2000 dieser Drinks im Hotel serviert.

Was Sie brauchen:
4 cl Bénédictine Dom Liqueur
1 cl Bombay Sapphire London Dry Gin
2 cl Curaçao Triple Sec
2 cl Zitronensaft
2 cl Orangensaft
1 cl Ananassaft

So wirds gemacht:
1. Bénédictine, Gin, Curaçao und Säfte in einem Shaker schütteln.
2. Ein Longdrinkglas mit Eiswürfeln füllen, Singapore Sling darüber abseihen.

MAYFAIR

Was Sie brauchen:
3 cl Gin
3 cl Orangensaft
3 Dash Apricot Brandy

So wirds gemacht:
1. Gin, Orangensaft und Apricot Brandy in einem Shaker schütteln.
2. Mayfair in ein Cocktailglas abseihen.

ZITRONEN FLIP

Was Sie brauchen:
3 cl Gin
2 cl Curaçao
4 cl Zitronensaft
1 Eigelb

So wirds gemacht:
1. Gin, Curaçao, Zitronensaft und Eigelb in einem Shaker kräftig schütteln.
2. Zitronen Flip in einen Sektkelch abseihen.

Deko-Tipp:
1/2 Zitronenscheibe

ZAZA

Was Sie brauchen:
3 cl Gin
3 cl Dubonnet
1 Dash Angostura

So wirds gemacht:
1. Gin, Dubonnet und Angostura in einem Shaker schütteln.
2. Zaza in ein Cocktailglas abseihen.

QUEBEC

Was Sie brauchen:
2 cl Gin
2 cl Canadian Whisky
2 cl Zitronensaft
1 Dash Angostura

So wirds gemacht:
1. Gin, Whisky, Zitronensaft und Angostura in einem Shaker schütteln.
2. Quebec in ein Cocktailglas abseihen.

TOM COLLINS

TOM COLLINS

Collinses gehören zu den Longdrinks und sind durststillende Getränke. Sie bestehen zur Hauptsache aus Zitronensaft, Zuckersirup und einer Spirituose. Der bekannteste Collins, der Tom Collins, geht, wie auch der John Collins, auf ein über hundert Jahre altes Rezept zurück. Der Tom Collins wurde damals mit dem leicht gesüßten Old Tom Gin, der John Collins mit dem Genever-ähnlichen, trockenen Holländer-Gin gemixt. Heute, wo überwiegend mit dem London-Dry-Gin-Typ gearbeitet wird, stellt sich die Frage Tom oder John Collins nicht mehr.

Was Sie brauchen:

4 cl Bombay Sapphire London Dry Gin
3 cl Zitronensaft
1 TL Zuckersirup
Sodawasser zum Auffüllen

So wirds gemacht:

1. Gin, Zitronensaft und Zuckersirup in einem Shaker schütteln.
2. Ein Longdrinkglas zur Hälfte mit Eiswürfeln füllen. Tom Collins darüber gießen, mit Sodawasser auffüllen.

FIFTY-FIFTY

Was Sie brauchen:

3 cl Gin Dry
3 cl Vermouth Dry

So wirds gemacht:

1. Gin und Vermouth in einem Rührglas verrühren.
2. Fifty-Fifty in ein Cocktailglas abseihen.

CASINO

Was Sie brauchen:

4 cl Gin Dry
2 cl Cointreau
1 cl Zitronensaft
1 Dash Angostura

So wirds gemacht:

1. Gin, Cointreau, Zitronensaft und Angostura in einem Shaker schütteln.
2. Casino in ein Cocktailglas abseihen.

Deko-Tipp:
1 Cocktailkirsche

FIREBALL

Was Sie brauchen:

3 cl Orangenlikör
2 cl Gin
Tonic Water zum Auffüllen

So wirds gemacht:

1. Ein Longdrinkglas mit Eiswürfeln füllen. Orangenlikör und Gin darüber gießen, umrühren.
2. Mit Tonic Water auffüllen.

SURFER

Was Sie brauchen:

3 cl Curaçao Blue
2 cl Gin
2 cl Zitronensaft
3 Dash Bitter-Orange
Tonic Water zum Auffüllen

So wirds gemacht:

1. Ein Longdrinkglas mit Eiswürfeln füllen. Curaçao, Gin, Zitronensaft und Bitter-Orange darüber geben, umrühren.
2. Mit Tonic Water auffüllen.

WHITE LADY

WHITE LADY

Ursprünglich wurde Gin Mitte des 15. Jahrhunderts zu medizinischen Zwecken von Dr. Franziscus de Bove von der Universität in Leyden in den Niederlanden erfunden. Er wurde als billiges, reinigendes Tonikum eingesetzt, da sowohl Alkohol als auch Wacholder (als Aromaträger) stark harntreibende Wirkung haben.

Was Sie brauchen:
4 cl Gordon's Gin
2 cl Cointreau
2 cl Zitronensaft

So wirds gemacht:
1. Gin, Cointreau und Zitronensaft in einem Shaker schütteln.
2. White Lady in ein Cocktailglas abseihen.

GREEN MORNING

Was Sie brauchen:
4 cl Gin Dry
2 cl Curaçao Blue
2 cl Grapefruitsaft
2 cl Orangensaft
2 cl Ananassaft

So wirds gemacht:
1. Gin, Curaçao und Säfte in einem Shaker schütteln.
2. Green Morning in ein Longdrinkglas abseihen.

Deko-Tipp:
1 Ananasstück

TROPICAL RED

Was Sie brauchen:
3 cl Orangenlikör
2 cl Gin
4 cl Grapefruitsaft
6 cl Orangensaft

So wirds gemacht:
1. Orangenlikör, Gin und Säfte in einem Shaker schütteln.
2. Tropical Red in ein Longdrinkglas abseihen.

CLARIDGE

Was Sie brauchen:
2 cl Vermouth Dry
2 cl Gin
1 cl Apricot Brandy
1 Dash Orange-Bitter

So wirds gemacht:
1. Vermouth, Gin, Apricot Brandy und Orange-Bitter in einem Rührglas verrühren.
2. Claridge in eine Cocktailschale abseihen.

CROCKER

Was Sie brauchen:
3 cl Gin
1 cl Vermouth Dry
1 cl Vermouth Bianco

So wirds gemacht:
1. Gin und Vermouth in einem Rührglas verrühren.
2. Crocker in ein Cocktailglas abseihen.

JULES GRAPPINO

JULES GRAPPINO

Das Wort Grappa leitet sich von italienisch Grappolo = Traube ab und bezeichnet in Italien Brände, die durch Gärung von Trester aus Weintrauben und anschließender Destillation hergestellt werden. Dieses „Nebenprodukt der Weinherstellung" war jahrhundertelang nur ein Getränk der Allerärmsten. Kein Wunder, denn bis zum Zweiten Weltkrieg wurde Grappa noch wesentlich geringer versteuert als die „besseren" Spirituosen wie Brandy oder Likör. Inzwischen allerdings haben sich die Steuern geändert und die Feinschmecker den Grappa als edlen Tropfen entdeckt.

Was Sie brauchen:

2 cl Piave Grappa
2 cl Cinzano Bianco
Jules Mumm Dry zum Auffüllen

So wirds gemacht:

1. Einige Eiswürfel in ein Sektglas geben. Grappa und Cinzano darüber gießen, umrühren.
2. Mit Sekt auffüllen.

Deko-Tipp:
1 Weintraube

PASSION

Was Sie brauchen:

3 cl Grappa
1 Prise Salz
1 Dash Tabasco
1 cl Zitronensaft
4 cl Tomatensaft
1 Eigelb

So wirds gemacht:

1. Grappa, Salz, Tabasco, Säfte und Eigelb in einem Shaker kräftig schütteln.
2. Passion in einen Tumbler abseihen.

Deko-Tipp:
1 Zitronenspirale

VERA CRUZ

Was Sie brauchen:

1 Limette
3 Minzestiele
5 cl Grappa
1 Dash Pernod
3 cl Zuckersirup

So wirds gemacht:

1. Limette vierteln, über einem Tumbler ausdrücken und die Schale hineingeben, Minzestiele zufügen und alles mit einem Holzstößel zerdrücken.
2. Etwas Crushed Ice, Grappa, Pernod und Zuckersirup darüber geben. Vera Cruz verrühren.

BIENENKÖNIGIN

Was Sie brauchen:

4 cl Grappa
2 Dash Maraschino
1 BL Honig

So wirds gemacht:

1. Zwei Eiswürfel in einen Tumbler geben. Grappa, Maraschino und Honig darüber geben, umrühren.

GENOA

Was Sie brauchen:

1 cl Sambuca
1 cl Vermouth Dry
1 cl Grappa
2 cl Gin

So wirds gemacht:

1. Sambuca, Vermouth, Grappa und Gin in einem Rührglas verrühren.
2. Genoa in ein Cocktailglas abseihen.

Deko-Tipp:
1 Olive

CAFÉ MAFIOSO

CAFÉ MAFIOSO

Der Kaffee kam Ende des 16. Jahrhunderts, in der späten Renaissance, über den Hafen von Venedig nach Europa. Die ersten kleinen europäischen Kaffeehäuser entstanden in Venedig. Von dort aus verbreitete sich die Sitte des Kaffeetrinkens über den ganzen Kontinent.

Was Sie brauchen:
10 cl heißer Melitta Café Auslese
1/2 BL brauner Zucker
2 cl Amaretto
1 EL geschlagene Sahne
1 BL Grenadine

So wirds gemacht:
1. Café in ein hitzebeständiges Glas gießen, Zucker einstreuen und darin auflösen. Erwärmten Amaretto dazugießen, umrühren.
2. Mit einer Sahnehaube abdecken. Grenadine darüber gießen.

HOT CARIBBEAN

Was Sie brauchen:
2 cl Rum
2 cl Curaçao Triple Sec
1 Tasse heißer Melitta Café Harmonie
1 EL geschlagene Sahne

So wirds gemacht:
1. Rum und Curaçao in ein hitzebeständiges Glas gießen, mit Café auffüllen.
2. Hot Caribbean mit einer Sahnehaube abdecken.

Deko-Tipp:
einige Orangenschalenstreifen

SOUTHERN BELL

Was Sie brauchen:
2 cl Southern Comfort
2 cl Apricot Brandy
2 cl Sahne
11 cl kalter Melitta Café Auslese

So wirds gemacht:
1. Southern Comfort, Apricot Brandy und Sahne in einen Krug geben und mit einem Schneebesen verrühren, in einen Tumbler gießen.
2. Mit Café auffüllen.

Deko-Tipp:
1 Aprikosenspalte

SCHWARZWALD-KAFFEE

Was Sie brauchen:
0,125 l heißer Kaffee
2 BL Zucker
2 cl Kirschwasser
1/2 BL Instantkakao
1 EL geschlagene Sahne

So wirds gemacht:
1. Kaffee, Zucker, Kirschwasser und Kakao in einer Kanne verrühren, in eine Tasse gießen.
2. Mit einer Sahnehaube abdecken.

EISCAFÉ STEPPENWIND

Was Sie brauchen:
3 cl Wodka
1 Kugel Schokoladeneis
1 Kugel Vanilleeis
1 Tasse kalter Melitta Café Harmonie
1 EL geschlagene Sahne

So wirds gemacht:
1. Wodka und Eiskugeln in einen Tumbler geben, Café darüber gießen.
2. Mit einer Sahnehaube abdecken.

IRISH COFFEE

IRISH COFFEE

Diese heiße Kaffeeraffinesse wurde 1942 von Joe Sheridan für Flugbootpiloten in Foynes Dock kreiert. Das Getränk erfreute sich schnell großer Beliebtheit und ist seit 1947 der offizielle „Welcomedrink" an der Bar des Shannon Airports in Irland.

Was Sie brauchen:

1 BL brauner Zucker
4 cl Whiskey
1 Tasse heißer Melitta Café Harmonie mit einer Filtertüte „kräftig" aufgebrüht.
2 EL geschlagene Sahne

So wirds gemacht:

1. Zucker in ein angewärmtes Glas streuen, Whiskey darüber gießen, mit Kaffee auffüllen. So lange umrühren, bis sich der Zucker aufgelöst hat.
2. Irish Coffee mit einer Sahnehaube abdecken.

GINGER COFFEE

Was Sie brauchen:

1 Kaffeemaß gemahlener Kaffee
1/4 TL Ingwerpulver
1 TL Honig
1 EL geschlagene Sahne

So wirds gemacht:

1. Kaffee- und Ingwerpulver mischen, in einen Kaffeefilter geben und mit 150 ml kochendem Wasser überbrühen.
2. In eine vorgewärmte Tasse gießen, Honig einrühren und mit einer Sahnehaube abdecken.

IRISH COFFEE SPEZIAL

Was Sie brauchen:

Orangen- und Zitronenschalenstreifen von je 1/2 Frucht
8 Gewürznelken, 1/2 Zimtstange
1 TL Zucker
6 cl Irischer Whiskey
125 ml heißer starker Kaffee

So wirds gemacht:

1. Zitrusschalen, Gewürze und Zucker unter Rühren erhitzen, bis der Zucker geschmolzen ist, dann den Whiskey zugießen und vorsichtig anzünden.
2. Wenn die Flamme erloschen ist, Kaffee zugießen und nochmals erhitzen.

KAISERMELANGE

Was Sie brauchen:

1 Eigelb
2 BL Zucker
2 cl Cognac
1/4 Tasse starker heißer Kaffee
1/4 Tasse heiße Milch

So wirds gemacht:

1. Eigelb, Zucker und Cognac in einer großen Tasse gut verquirlen.
2. Mit Kaffee und Milch auffüllen.

MAZZAGRAN

Was Sie brauchen:

3/4 Tasse starker kalter Kaffee
1 cl Maraschino
1 Stück Würfelzucker

So wirds gemacht:

1. Einen Eiswürfel in eine Tasse geben, mit dem Kaffee übergießen.
2. Maraschino und Zucker dazugeben und umrühren.

PHARISÄER

PHARISÄER

Im 19. Jahrhundert waren die Pastoren in Norddeutschland im Allgemeinen sehr beliebt. Nur was übermäßigen Alkoholkonsum betraf, war man uneins. Bei einer Taufe soll es sich zugetragen haben, dass an der anschließenden Kaffeetafel für die trinkfreudigen Gäste der Kaffee mit Zucker und Rum gemischt und der Alkoholduft mit einer Sahnehaube verdeckt wurde. Der Pastor bekam weiterhin „normalen" Kaffee. Als der Pastor im Eifer eines Wortgefechtes versehentlich zur Kaffeetasse seines Nachbarn griff, flog der Schwindel auf. Empört blickte der Pastor in die Runde und rief: „Oh, ihr Pharisäer".

Was Sie brauchen:
1 TL Kakaopulver
1 TL Zucker
2 cl Rum oder mehr
3/4 Tasse heißer Melitta Café Harmonie
2 EL geschlagene Sahne

So wirds gemacht:
1. Kakaopulver, Zucker und Rum in einer angewärmten Tasse verrühren. Mit Kaffee aufgießen.
2. Kaffee mit Sahne abdecken.

COFFEE COBBLER

Was Sie brauchen:
2 cl Bourbon Whiskey
2 cl Mokkalikör
starker kalter Kaffee zum Auffüllen

So wirds gemacht:
1. 4 Barlöffel Crashed Ice in ein Longdrinkglas füllen. Whiskey und Likör darüber gießen und verrühren.
2. Mit Kaffee auffüllen.

Deko-Tipp:
Trinkhalm

KAFFEE-EISBECHER

Was Sie brauchen:
2 BL gemahlene Haselnüsse
1 Prise Zimt
2 EL geschlagene Sahne
1 Tasse starker kalter Kaffee
125 g Vanilleeis
1 cl Grand Marnier

So wirds gemacht:
1. Nüsse, Zimt und die Hälfte der Sahne in einem gut gekühlten Glas verrühren, mit Kaffee auffüllen. Eis hineingeben. Mit Grand Marnier begießen.
2. Kaffee-Eisbecher mit restlicher Sahne abdecken.

SCOTCH COFFEE KILT

Was Sie brauchen:
1/2 Tasse starker kalter Kaffee
2 BL Zucker
1 cl Mokkalikör
1 cl schottischer Whisky
125 g geschlagene Sahne

So wirds gemacht:
1. Kaffee, Zucker, Likör, Whisky und die Hälfte der Sahne in einem Elektromixer blenden.
2. Scotch Coffee Kilt in einen Tumbler gießen und mit der restlichen Sahne abdecken.

CARIBBEAN COFFEE

Was Sie brauchen:
1 Tasse heißer Kaffee
4 cl Kaffeelikör
1 EL geschlagene Schlagsahne

So wirds gemacht:
1. Kaffee in eine vorgewärmte Tasse gießen. Kaffeelikör zufügen und umrühren.
2. Caribbean Coffee mit der Sahne bedecken.

DARJEELING-SCHOKOLADE

DARJEELING-SCHOKOLADE

Schon der Kaiser von China wusste die Wirkung des Tees zu schätzen. Erstmals wurde der Teestrauch 2700 v. Chr. in China erwähnt. Japan, Korea und Tibet lernten das aromatische Getränk erst um das 8. Jahrhundert n. Chr. kennen. Und es dauerte ein weiteres Jahrtausend bis 1823 die ersten Teepflanzen nach Indien kamen. Von diesem Zeitpunkt an verbreitete sich das Getränk allerdings schnell um die ganze Welt, denn auf dem Subkontinent ließen die englischen Kolonialherren viele Teegärten anlegen. Indien wurde zum führenden Tee-Exporteur.

Was Sie brauchen:

1 Teebeutel Meßmer Darjeeling
25 g Bitterschokolade
5 cl Milch
1 BL Kakao
1 BL brauner Zucker
2 EL geschlagene Sahne

So wirds gemacht:

1. Teebeutel in einem Topf mit 0,15 l kochendem Wasser überbrühen, 5 Minuten ziehen lassen. Dann Schokolade, Milch, Kakao und Zucker zufügen und erhitzen.
2. In ein Punschglas gießen und mit einer Sahnehaube abdecken.

KIRSCHZAUBER

Was Sie brauchen:

1,5 BL Meßmer Assamtee
2 EL Sauerkirschen (aus dem Glas)
2 cl Kirschsaft
1 BL Zucker
1 cl Wodka

So wirds gemacht:

1. Tee mit 0,15 l kochendem Wasser überbrühen, 4 Minuten ziehen lassen, dann abgießen.
2. Kirschen, Saft und Zucker erhitzen, mit dem Tee verrühren und in ein Punschglas gießen. Mit Wodka aromatisieren.

HOT PIÑA COLADA

Was Sie brauchen:

1 Teebeutel Meßmer Earl Grey
1 cl Cream of Coconut
2,5 cl Ananassaft
1 BL Rohrzucker
1 cl Rum

So wirds gemacht:

1. Tee mit 0,125 l kochendem Wasser überbrühen, 4 Minuten ziehen lassen.
2. Cream of Coconut, Ananassaft und Zucker erwärmen, Tee einrühren. In ein Punschglas gießen und mit Rum aromatisieren.

APFEL-TEE

Was Sie brauchen:

1 BL Meßmer Schwarztee
50 g Apfel
2 cl Apfelkorn

So wirds gemacht:

1. Tee mit 0,125 l kochendem Wasser überbrühen, 4 Minuten ziehen lassen, dann abgießen und erkalten lassen.
2. Apfel klein schneiden und im Apfelkorn marinieren. Einige Eiswürfel in ein Longdrinkglas geben, Apfelstücke und Korn darüber geben, umrühren. Mit Tee auffüllen.

MELONEN-TEE

Was Sie brauchen:

1,5 BL schwarzer Tee
1 BL Zucker
100 g Galiamelone
12 cl frisch gepresster Orangensaft

So wirds gemacht:

1. Tee mit 0,15 l kochendem Wasser überbrühen, 4 Minuten ziehen lassen, dann abgießen, Zucker einrühren und erkalten lassen.
2. Melone klein schneiden, in ein Cocktailglas geben, Orangensaft darüber gießen. Mit kaltem Tee auffüllen.

ORANGE COFFEE

ORANGE COFFEE

Der Prototyp der ersten Espressomaschine wurde von einem Franzosen erfunden. Eine größere Version, 1843 entwickelt, war der Hit der Pariser Ausstellung 1855. Dampf war die erste starke Kraftquelle des industriellen Zeitalters, er trieb Schiffe auf den Ozeanen und Züge auf dem Land an. Die Espressomaschine war ein wahres Kind der modernen Zeit, weil sie dieselbe Kraftquelle benutzte.

Was Sie brauchen:
5 cl starker heißer Espresso
2 BL brauner Zucker
3 cl Milch
2 cl Sahne
150 g Schweppes Bitter Orange
1 EL geschlagene Sahne

So wirds gemacht:
1. Espresso mit Zucker verrühren und abkühlen lassen. Mit Milch und flüssiger Sahne in einem Shaker schütteln.
2. Bitter Orange in ein Glas gießen, mit Espressomix auffüllen, umrühren. Mit geschlagener Sahne abdecken.

Deko-Tipp:
3 Mokka-Bohnen, 1/2 Orangenscheibe

CAPPUCCINO

Was Sie brauchen:
5 cl starker heißer Espresso
8 cl Milch
1 Prise Kakaopulver

So wirds gemacht:
1. Espresso mit 5 cl heißer Milch verrühren, in eine Tasse gießen. Restliche Milch aufschäumen und auf den Cappuccino setzen, mit Kakaopulver bestäuben.

ORANGE COFFEE PLUS

Was Sie brauchen:
5 cl starker heißer Espresso
2 BL brauner Zucker
3 cl Milch, 2 cl Sahne
2 cl Kaffeelikör
150 g Schweppes Bitter Orange
1 EL geschlagene Sahne

So wirds gemacht:
1. Espresso mit Zucker verrühren und abkühlen lassen. Mit Milch, flüssiger Sahne und Likör in einem Shaker schütteln.
2. Bitter Orange in ein Glas gießen, mit Espressomix auffüllen, umrühren. Mit geschlagener Sahne abdecken.

CAFÉ MOCCA

Was Sie brauchen:
5 cl starker heißer Espresso
5 cl heiße Milch
5 cl heißer Kakao
2 BL Schokoladensirup

So wirds gemacht:
1. Espresso, Milch, Kakao und Schokoladensirup in ein hitzebeständiges Glas gießen, umrühren.

ESPRESSO CORRETTO

Was Sie brauchen:
5 cl starker heißer Espresso
2 cl Weinbrand

So wirds gemacht:
1. Espresso in eine Espressotasse gießen, Weinbrand hineingießen. Nach Belieben mit Zucker süßen.

VANILLE-SHAKE

VANILLE-SHAKE

Die Kakaobohnen (aztek. caucauatl) waren schon den Mayas bekannt. Auf mehreren Wandzeichnungen sind Kakaokrüge zu erkennen. Oft wurden solche Gefäße mit dem wertvollen Kakao den Verstorbenen als Grabbeigaben mitgegeben. Dabei war Kakao kein Massenprodukt, sondern ein Getränk, das später auch bei den Azteken und in Europa dem Adel vorbehalten war.

Was Sie brauchen:
2 BL Kakaopulver
1 Kugel Vanilleeis
0,2 l Milch
2 EL Kölln Instant Flocken

So wirds gemacht:
1. Kakaopulver in 0,2 Liter Wasser auflösen, in einen Eiswürfelbehälter füllen und gefrieren lassen.
2. Vanilleeis, Milch und Instant Flocken in einem Elektromixer blenden. Kakaoeiswürfel in ein Longdrinkglas geben, Vanille-Shake darüber gießen.

CAPTAIN'S CHOCOLATE

Was Sie brauchen:
4 cl Rum
2 cl Grenadine
1 Tasse heißer Kakao
1 EL geschlagene Sahne

So wirds gemacht:
1. Rum und Grenadine in ein vorgewärmtes Punschglas geben, umrühren. Mit Kakao auffüllen.
2. Captain's Chocolate mit einer Sahnehaube abdecken.

Deko-Tipp:
Schokoraspel

NETTLERS

Was Sie brauchen:
0,25 l Kakao
2 BL Vanillezucker
1 Zimtstange
1 Gewürznelke
1 EL geschlagene Sahne

So wirds gemacht:
1. Kakao, Vanillezucker und Gewürze aufkochen und 5 Minuten ziehen lassen.
2. Nettlers in einen Becher gießen und mit einer Sahnehaube abdecken.

ST. THOMASKAKAO

Was Sie brauchen:
3 Dash Angostura
8 cl weißer Rum
8 cl Sahne
3 BL Honig
0,25 l Kakao

So wirds gemacht:
1. Angostura, Rum, Sahne, Honig und Kakao aufkochen.
2. St. Thomaskakao in einen Becher gießen.

BORGIA

Was Sie brauchen:
1 BL Kakaopulver
2 BL Zucker
15 cl Milch
2 heiße Espressi
1 EL geschlagene Sahne

So wirds gemacht:
1. Kakaopulver und Zucker in einem Topf verrühren, Milch angießen, aufkochen. Espressi einrühren.
2. Borgia in ein Punschglas gießen, mit einer Sahnehaube abdecken.

ZITRONEN-EISTEE

ZITRONEN-EISTEE

Wenn in China oder Japan von Tee gesprochen wird, ist eigentlich immer der grüne Tee gemeint. In diesen Ländern war er früher nur den Mönchen und Priestern vorbehalten und wurde als vielseitiges Heilmittel sowie in der japanischen Teezeremonie für rituelle Handlungen verwendet. Anders in Tibet. In dieser kargen Bergregion des Himalaja war das Getränk ein willkommener Vitamin- und Gesundheitsspender für die ganze Bevölkerung.

Was Sie für 2 Gläser brauchen:
1 Teebeutel Meßmer „Grüner Tee Zitrone"
je 1 Zitrone und Limette
je 6 cl Zitronen- und Limettensaft
3 cl Lime Juice
20 Minzeblätter

So wirds gemacht:
1. Teebeutel mit 0,15 l Wasser überbrühen, 4 Minuten ziehen, dann abkühlen lassen.
2. Früchte in dünne Scheiben schneiden, auf zwei Longdrinkgläser verteilen. Säfte, Lime Juice und Minzeblätter auf die Gläser verteilen, mit erkaltetem Tee auffüllen.

GREENTEA-FLIP

Was Sie für 2 Gläser brauchen:
1 Teebeutel Meßmer „Grüner Tee Vanille"
2 Eigelb
Mark von 1 Vanilleschote
5 cl Sahne, 10 cl Milch
4 BL Ahornsirup

So wirds gemacht:
1. Teebeutel mit 0,1 l Wasser überbrühen, 3 Minuten ziehen, dann abkühlen lassen.
2. Eigelb, Vanillemark, Sahne, Milch, Ahornsirup und Tee in einem Shaker kräftig schütteln. Greentea-Flip in zwei Longdrinkgläser abseihen.

CHINESISCHER PULSWÄRMER

Was Sie für 2 Tassen brauchen:
5 cl Reiswein
1 Stängel Zitronengras
0,3 l heißer Meßmer „Grüner Tee"
1 BL weißer Kandis

So wirds gemacht:
1. Reiswein und Zitronengras erhitzen, Zitronengras entfernen. Grünen Tee unterrühren.
2. Chinesischen Pulswärmer in zwei Tassen gießen, mit Kandis süßen.

Deko-Tipp:
Je 1 Stück Zitronengras

LIMETTENGROG

Was Sie für 2 Gläser brauchen:
1 Limette
1 Minzestiel
3 BL Honig
0,35 l heißer grüner Tee
8 cl Rum

So wirds gemacht:
1. Limette vierteln, mit der Minze auf zwei Groggläser verteilen.
2. Honig im heißen Tee auflösen, Rum einrühren. Limettengrog in die vorbereiteten Gläser gießen.

MANDARINEN-TEE-SHAKE

Was Sie für 2 Gläser brauchen:
1 Teebeutel Meßmer „Grüner Tee Mandarine"
1 Banane, 200 g Ananas
0,2 cl Mandarinensaft
6 cl Zitronensaft, 3 BL Ahornsirup
Mark von 1/2 Vanilleschote

So wirds gemacht:
1. Teebeutel mit 0,15 l Wasser überbrühen, 4 Minuten ziehen, dann abkühlen lassen.
2. Früchte, Säfte, Ahornsirup, Vanillemark und Tee in einem Elektromixer blenden. Mandarinen-Tee-shake in Longdrinkgläser gießen.

GRUBENGOLD

GRUBENGOLD

Die Steinkohle brachte seit der Mitte des 19. Jahrhunderts der Region an Ruhr und Emscher einen ungeahnten Aufschwung. Aus kleinen Landgemeinden entwickelten sich durch den Bergbau Großstädte. Enthusiasten sprachen von der „Goldgräberzeit" an der Ruhr und gaben der Kohle den Kosenamen Grubengold. Weizenjunge Gold, der Ruhrgebietskorn, bildet den Grundstock dieses Cocktails.

Was Sie brauchen:
3 cl Weizenjunge Gold
3 cl Rebling (Traubenlikör)
4 cl Lime Juice

So wirds gemacht:
1. Korn, Rebling und Lime Juice in einem Shaker schütteln.
2. Grubengold in eine Sektschale abseihen.

Deko-Tipp:
1 Physalis

GLÜCK AUF

Was Sie brauchen:
1/4 Zitronenscheibe
1/2 Limettenscheibe
1/2 Orangenscheibe
3 cl Weizenjunge
8 cl Weißwein
8 cl Sekt

So wirds gemacht:
1. Früchte, Korn und Wein in ein Fancy-Glas geben. 10 Minuten ziehen lassen.
2. Mit Sekt auffüllen.

BLAUER STEIGER

Was Sie brauchen:
4 cl Weizenjunge Gold
2 cl Sahne
2 cl Curaçao Blue
8 cl Ananassaft

So wirds gemacht:
1. Korn, Sahne, Curaçao und Ananassaft in einem Shaker schütteln.
2. Einige Eiswürfel in ein Longdrinkglas geben. Blauer Steiger darüber abseihen.

Deko-Tipp:
Trinkhalm

SCHLAWINER

Was Sie brauchen:
4 cl Weizenjunge
3 cl Bananenlikör
3 cl Lime Juice

So wirds gemacht:
1. Korn, Bananenlikör und Lime Juice in einem Shaker schütteln.
2. Zwei Eiswürfel in ein Cocktailglas geben. Schlawiner darüber abseihen.

TOTER MANN

Was Sie brauchen:
3 cl Weizenjunge Gold
3 cl Kaffeelikör

So wirds gemacht:
1. Korn und Kaffeelikör in einem Shaker schütteln.
2. Einige Eiswürfel in einen Tumbler geben. Toter Mann darüber abseihen.

KIMME UND KORN

KIMME UND KORN

Glaubt man den Überlieferungen, so ist der Teufel der Erfinder des Branntweins! Er hatte einen Streit verloren und musste daraufhin alle in der Hölle schmorenden armen Seelen freigeben. Um seine feurigen Hallen wieder zu füllen, ging der Höllenfürst nach Nordheim und „erfand" den Branntwein. Ob wirklich der Leibhaftige für den Schnaps aus der kleinen Stadt am Südrand des Harzes verantwortlich ist, mag dahin gestellt sein. Fest steht allerdings, dass bereits Urkunden aus dem Jahre 1507 die „Branntweinproduktion" in der ehemals freien Reichsstadt belegen.

Was Sie brauchen:
1/2 Orange, 1/2 Limette
1,5 BL brauner Zucker
4 cl Echter Nordhäuser Doppelkorn
3 cl Cointreau, 6 cl Maracujasaft
0,5 cl Limettensaft
1 cl Mandarinensirup

So wirds gemacht:
1. Früchte und Zucker in einen Shaker geben, etwas zerdrücken. Eiswürfel, Doppelkorn, Cointreau, Säfte und Mandarinensirup zufügen, alles schütteln.
2. Kimme und Korn in ein Longdrinkglas abseihen.

Deko-Tipp: 1 Physalis

FRENCH POSEIDON

Was Sie brauchen:
4 cl Echter Nordhäuser Doppelkorn
3 cl Malibu
12 cl Maracujasaft
1 cl Vanillesirup
2 cl Erdbeersirup

So wirds gemacht:
1. Doppelkorn, Malibu, Maracujasaft und Sirupe in einem Shaker schütteln.
2. French Poseidon in ein Longdrinkglas abseihen.

Deko-Tipp:
1 Erdbeere, 1 Limettenspirale

KORN COLADA

Was Sie brauchen:
5 cl Echter Nordhäuser Korn
3 cl Cream of Coconut
2 cl Sahne
10 cl Ananassaft

So wirds gemacht:
1. Korn, Cream of Coconut, Sahne und Ananassaft in einem Shaker schütteln.
2. Korn Colada in ein Longdrinkglas abseihen.

Deko-Tipp:
1 Ananasstück

KORN SUNRISE

Was Sie brauchen:
6 cl Echter Nordhäuser Korn
1 cl Zitronensaft
11 cl Orangensaft
2 cl Grenadine

So wirds gemacht:
1. Einige Eiswürfel in ein Longdrinkglas geben. Korn und Säfte darüber gießen, umrühren.
2. Grenadine über den Korn Sunrise laufen lassen.

Deko-Tipp:
1 Cocktailkirsche

KORN SOUR

Was Sie brauchen:
6 cl Echter Nordhäuser Korn
3 cl Zitronensaft
2 cl Zuckersirup

So wirds gemacht:
1. Korn, Zitronensaft und Zuckersirup in einem Shaker schütteln.
2. Korn Sour in einen Tumbler abseihen.

Deko-Tipp:
1 Zitronenscheibe

JULES JULEP

JULES JULEP

Juleps sind die Longdrinks des amerikanischen Südens. Sie sind in Virginia entstanden, wo man hinter mächtigen Säulen auf großen Terrassen saß und an heißen Sommertagen die kühlen, nach Minze duftenden Cocktails schlürfte.

Was Sie brauchen:
1 cl Zuckersirup
6 Minzeblätter
Jules Mumm Dry zum Auffüllen

So wirds gemacht:
1. Zuckersirup und Minzeblätter in ein Longdrinkglas geben. Mit dem Barlöffel etwas zerdrücken, Minze wieder herausnehmen
2. Einige Eiswürfel ins Glas geben und mit Sekt auffüllen.

Deko-Tipp:
Einige Minzeblätter

GARDEN

Was Sie brauchen:
10 Minzeblätter
1/2 Orangenscheibe
10 cl Maracujasaft
2 cl Mangosirup
8 cl Sanbitter zum Auffüllen

So wirds gemacht:
1. Minzeblätter und Orangenscheibe in einen Tumbler geben. Mit dem Barlöffel ein wenig zerdrücken, Minze und Orange wieder herausnehmen.
2. Maracujasaft und Mangosirup dazugeben, umrühren und mit Sanbitter auffüllen.

MINT BANANA

Was Sie brauchen:
4 cl Sahne
15 cl Bananensaft
1/2 Banane
10 Minzeblätter

So wirds gemacht:
1. Sahne, Bananensaft, Banane und Minzeblätter in einem Elektromixer blenden.
2. Etwas Crushed Ice in einen Tumbler geben, Mint Banana darüber gießen.

Deko-Tipp:
1 Fruchtspieß

AKU AKU

Was Sie brauchen:
1/2 Ananasscheibe
10 Minzeblätter
1,5 cl Pfirsichlikör
3 cl Rum
4 cl Limettensaft
1 Dash Kandissirup

So wirds gemacht:
1. Etwas Crushed Ice in einen Elektromixer geben. Ananas, Minzeblätter, Likör, Rum, Saft und Sirup zufügen und alles blenden.
2. Aku Aku in einen Tumbler gießen.

SLEEPY HEAD

Was Sie brauchen:
4 Minzeblätter
1 Stück Orangenschale
6 cl Brandy
Ginger Ale zum Auffüllen

So wirds gemacht:
1. Ein Longdrinkglas zur Hälfte mit Eiswürfeln füllen. Minzeblätter, Orangenschale und Brandy hineingeben, umrühren.
2. Sleepy Head mit Ginger Ale auffüllen.

MINZGRANITEE

MINZGRANITEE

Ursprünglich stammt die Minze aus dem Mittelmeerraum. Dass sie bei uns heimisch wurde, ist ein Verdienst der Römer, die sie als Heilkraut, als Gewürz und als Aphrodisiakum schätzten und sie im Gepäck der Legionäre mit ins Land der Gallier und Germanen brachten. Heutzutage wird Minze gern in der Küche und auch zum Aromatisieren von Drinks verwendet.

Was Sie für 8 Gläser brauchen:
1 Flasche Rotkäppchen Sekt Trocken
6 cl Zitronensaft
50 g Puderzucker
1/2 Bund frisch gehackte Minze
16 cl Pfefferminzlikör
8 Erdbeeren

So wirds gemacht:
1. Sekt, Zitronensaft, Puderzucker und Minze verrühren und gefrieren lassen. Dabei mehrmals durchrühren.
2. Gefrorenen Minz-Sekt in 8 Cocktailschalen geben, mit Pfefferminzlikör begießen. Erdbeeren vierteln und auf die Minzgranitees verteilen.

Deko-Tipp:
8 Minzestiele

JANKY MOJITO

Was Sie brauchen:
3 Minzeblätter
2 BL brauner Zucker
1 Limette
5 cl Bourbon Whiskey

So wirds gemacht:
1. Minzeblätter und Zucker in einen Tumbler geben, mit einem Stößel etwas zerdrücken. Limette vierteln, über dem Tumbler zerdrücken, Limette ins Glas geben, mit Crushed Ice auffüllen.
2. Whiskey darüber gießen und gut verrühren.

CHAMPAGNER JULEP

Was Sie brauchen:
2 Minzeblätter
2 BL Zuckersirup
Champagner zum Auffüllen

So wirds gemacht:
1. Minzeblätter und Zuckersirup in einen Tumbler geben, mit einem Stößel etwas zerdrücken. Glas zur Hälfte mit Crushed Ice füllen.
2. Mit Champagner auffüllen.

Deko-Tipp:
Trinkhalm

DERBY

Was Sie brauchen:
2 Minzeblätter
5 cl Gin Dry
2 Dash Pfirsichlikör

So wirds gemacht:
1. Minzeblätter in ein Cocktailglas geben, mit einem Stößel etwas zerdrücken.
2. Gin und Pfirsichlikör in einem Shaker schütteln, über den Minzeblättern abseihen.

HARRY'S

Was Sie brauchen:
2 Minzeblätter
2 BL Pernod
1,5 cl Vermouth Bianco
3,5 cl Gin

So wirds gemacht:
1. Minzeblätter in eine Cocktailschale geben, mit einem Stößel etwas zerdrücken.
2. Pernod, Vermouth und Gin in einem Shaker schütteln. Harry's über den Minzeblättern abseihen.

MOJITO

MOJITO

Schon um die Jahrhundertwende wurde der Mojito in Havanna erfunden. Dort saß in der Bodeguita des Medio einst Hemingway und trank seinen Mojito, bevor er allabendlich ins berühmte Restaurant La Floridata ging. Eine Legende besagt, dass zwei Techniker aus den kubanischen Kupferminen 1895 zum ersten Mal Rum, Zucker, Limettensaft und Eis, also Mojito, gemixt haben.

Was Sie brauchen:
Sodawasser zum Auffüllen
1 BL weißer Rohrzucker
1 geviertelte Limette
1 Minzestiel
6 cl Old Pascas White Barbados Rum

So wirds gemacht:
1. Sodawasser und Zucker in einen Tumbler geben. Limette auspressen. Saft und Schale sowie die Minze ins Glas geben, alles mit einem Holzstößel zerdrücken.
2. Einige Eiswürfel und Rum zufügen, mit Sodawasser auffüllen und umrühren.

Deko-Tipp:
Limettenspalte + Trinkhalm

KIWI-MINT

Was Sie brauchen:
2 Kiwis
1 kleiner Minzestiel
2 cl Zuckersirup
6 cl Mineralwasser zum Auffüllen

So wirds gemacht:
1. Kiwis klein schneiden, Minzeblättchen abzupfen, beides mit dem Zuckersirup in einem Elektromixer pürieren.
2. Kiwi-Mint in eine Cocktailschale gießen und mit Mineralwasser auffüllen.

Deko-Tipp:
1 Minzestiel

GREEN LEAVES

Was Sie brauchen:
1/2 Limette
2 BL brauner Zucker
1 Minzestiel
Sodawasser zum Auffüllen

So wirds gemacht:
1. Limette in Stücke schneiden, mit Zucker und Minze in einen Tumbler geben. Alles mit einem Holzstößel zerdrücken.
2. Einige Eiswürfel zufügen und mit Sodawasser auffüllen.

Deko-Tipp:
1 Minzestiel

FATA MORGANA

Was Sie brauchen:
1 Minzestiel
1 cl Zitronensaft
12 cl weißer Traubensaft
6 cl Ananassaft
1 Msp. abgeriebene Muskatnuss
1 Msp. Salz

So wirds gemacht:
1. Minzeblätter vom Stiel zupfen. Zusammen mit den Säften, Muskat und Salz im Elektromixer blenden.
2. Fata Morgana in ein Longdrinkglas gießen.

BRANDY SMASH

Was Sie brauchen:
Sodawasser zum Auffüllen
1 BL weißer Rohrzucker
1 Minzestiel
6 cl Brandy
2 Dash Bénédictine

So wirds gemacht:
1. Sodawasser, Zucker und Minze in einen Tumbler geben. Alles mit einem Holzstößel zerdrücken.
2. Einige Eiswürfel, Brandy und Bénédictine zufügen, mit Sodawasser auffüllen und umrühren.

EISIGER WALDZAUBER

EISIGER WALDZAUBER

Der Waldmeister, auch Maikraut genannt, breitet sich besonders in Buchenwäldern aus. Seit dem 9. Jahrhundert kultivierten die Benediktiner Mönche das leberaktivierende Kraut. Aber Vorsicht: Die Milch des gepflückten Krauts ist reich an Cumarin, das die Blutgerinnung hemmt und zu Kopfschmerzen führen kann. Deshalb sollte für eine Maibowle das frisch gepflückte Kraut zu einem Strauß zusammengebunden und kopfüber für nur 20 Minuten in den Wein gehängt werden.

Was Sie brauchen:
2 cl Waldmeistersirup
0,15 l Fanta Limette
7,5 cl Mineralwasser

So wirds gemacht:
1. Etwas Crushed Ice in ein Longdrinkglas geben. Waldmeistersirup darüber gießen.
2. Mit Fanta Limette und Mineralwasser auffüllen.

WALDMEISTER-MILCH

Was Sie brauchen:
1 cl Waldmeistersirup
5 cl Milch
2 cl Sahne
1 BL Zucker
5 cl Sodawasser

So wirds gemacht:
1. Waldmeistersirup, Milch, Sahne und Zucker in einem Elektromixer blenden.
2. Waldmeister-Milch in einen Tumbler gießen, mit Sodawasser auffüllen.

Deko-Tipp:
Trinkhalm

WALDMEISTER-BOWLE

Was Sie für 15 Gläser brauchen:
3 l weißer Traubensaft
5 BL Puderzucker
1 Orange
1 Bund Waldmeister
0,5 l Sodawasser

So wirds gemacht:
1. Ein Liter Traubensaft in ein Bowlengefäß gießen, Zucker einrühren. Orange in dünnen Scheiben dazugeben. Waldmeisterbund kopfüber in den Saft hängen, nach 20 Minuten entfernen.
2. Mit restlichem Saft und Sodawasser auffüllen, in Bowlengläser füllen.

MONTEZUMA

Was Sie brauchen:
1 Kiwi
6 cl weißer Rum
3 cl Limettensaft
2 BL Waldmeistersirup
3 cl Kokosnusssirup

So wirds gemacht:
1. Kiwi, Rum, Limettensaft, Waldmeister- und Kokosnusssirup in einem Elektromixer blenden.
2. Montezuma in ein Longdrinkglas gießen.

MAI-BOWLE

Was Sie für 12 Gläser brauchen:
3 Flaschen (à 0,7 l) leichter Weißwein
5 BL Puderzucker
2 Bund Waldmeister
1/2 Flasche (0,35 l) Wein rosé
1/2 Flasche (0,35 l) Sekt

So wirds gemacht:
1. 1 Flasche Weißwein in ein Bowlengefäß gießen, Zucker einrühren. Waldmeisterbunde kopfüber in den Wein hängen, nach 20 Minuten entfernen.
2. Mit restlichem Wein und Sekt auffüllen, in Bowlengläser füllen.

AMOROSO

AMOROSO

Das Rezept vom Cointreau ist noch immer ein Familiengeheimnis. Mitte des 19. Jahrhunderts wurde der Likör aus Bitterorangenschalen von Edouard Cointreau erstmals destilliert. Noch heute werden Schalen von Bitterorangen aus Haiti und Schalen von Süßorangen aus Spanien im französischen Betrieb unter strenger Geheimhaltung zu Cointreau verarbeitet.

Was Sie brauchen:
2 cl Bénédictine Dom Liqueur
2 cl Cointreau
2 cl Bananennektar
2 cl Zitronensaft
8 cl Orangensaft
2 cl Pfirsichsaft

So wirds gemacht:
1. Bénédictine, Cointreau, Bananennektar und Säfte in einem Shaker schütteln.
2. Amoroso in ein Fancy-Glas abseihen.

Deko-Tipp:
1 Cocktailkirsche + 1 Orangenscheibe

NEW LIFE

Was Sie brauchen:
1 cl Rum
2 cl Cointreau
1 cl Pernod
1 cl Zitronensaft

So wirds gemacht:
1. Rum, Cointreau, Pernod und Zitronensaft in einem Shaker schütteln.
2. New Life in eine Cocktailschale abseihen.

LUIGI

Was Sie brauchen:
3 cl Gin
1,5 cl Vermuth Dry
3 BL Cointreau
2 cl Mandarinensaft
3 BL Grenadine

So wirds gemacht:
1. Gin, Vermouth, Cointreau, Mandarinensaft und Grenadine in einem Shaker schütteln.
2. Luigi in eine Cocktailschale abseihen.

Deko-Tipp:
2 Zitronenschalenstreifen

BIG BOY

Was Sie brauchen:
3 cl Brandy
1 cl Cointreau
1 cl Lime Juice

So wirds gemacht:
1. Brandy, Cointreau und Lime Juice in einem Shaker schütteln.
2. Big Boy in eine Cocktailschale abseihen.

MARGI COCKTAIL

Was Sie brauchen:
1 cl Cointreau
3 cl Apricot Brandy
2 cl Orangensaft

So wirds gemacht:
1. Cointreau, Apricot Brandy und Orangensaft in einem Shaker schütteln.
2. Margi Cocktail in eine Cocktailschale abseihen.

B 52

B 52

Der B 52 zählt zu den Pousse-Cafés. Bei diesen farbenprächtigen Getränken werden die einzelnen Zutaten sozusagen „übereinander geschichtet“. Dazu ist es wichtig, die spezifischen Gewichte der verschiedenen Siruparten und Spirituosen zu kennen. Zubereitet werden die Pousse-Cafés, indem man die Sirupe und Spirituosen über einen verkehrt gehaltenen Barlöffel, der am inneren Glasrand anliegt, vorsichtig eingießt. Das Getränk mit dem höchsten spezifischen Gewicht zuerst.

Was Sie brauchen:
2 cl Kaffeelikör
2 cl Irish Cream Liqueur
2 cl Grand Marnier

So wirds gemacht:
1. Zuerst den Kaffeelikör, dann den Irish Cream Liqueur und zum Schluss den Grand Marnier über einen verkehrt herum gehaltenen Barlöffel in ein schmales Glas laufen lassen.

BIRIBIE

Was Sie brauchen:
2 cl Dubonnet
1 cl Grand Marnier
2 cl Gin

So wirds gemacht:
1. Dubonnet, Grand Marnier und Gin in ein Rührglas geben und gut verrühren.
2. In eine Cocktailschale abseihen.

GRAND MARINHA

Was Sie brauchen:
1 Limette
5 cl Grand Marnier
0,5 cl Campari

So wirds gemacht:
1. Limette vierteln, in einen Tumbler geben und mit einem Holzstößel zerdrücken. Nach und nach mit Crushed Ice füllen. Anschließend Grand Marnier und Campari dazugießen und umrühren.

Deko-Tipp:
Trinkhalm

LADY CHAMPAGNER

Was Sie brauchen:
4 cl Grand Marnier
2 cl Orangensaft
Champagner zum Auffüllen

So wirds gemacht:
1. Grand Marnier und Orangensaft im Shaker schütteln.
2. Lady Champagner in eine Sektflöte abseihen, mit Champagner auffüllen.

SAN REMO

Was Sie brauchen:
2 cl Grand Marnier
1 cl Wodka
1 cl Eierlikör
1 cl Grapefruitsaft

So wirds gemacht:
1. Grand Marnier, Wodka, Eierlikör und Grapefruitsaft in einem Shaker schütteln.
2. San Remo in eine Cocktailschale abseihen.

CARTAGENA'S DELIGHT

CARTAGENA'S DELIGHT

Schon die Römer lernten den Vorgänger des geheimnisvollen Licor 43 kennen, als sie 206 v. Chr. die Iberische Halbinsel eroberten und das heutige Cartagena unterwarfen. Ihnen erschien das Getränk gefährlich, denn die Feinde verwendeten es auch als Stärkungsmittel. Die Folge daraus: Die Eroberer verboten den „Zaubertrank" und ließen alle Vorräte vernichten. Das Wissen um das Rezept blieb aber erhalten. 1924 entwickelte die in der Stadt Cartagena ansässige Firma Diego aus dem gehüteten Ur-Rezept den Licor 43, hergestellt aus 43 Zutaten der spanischen Mittelmeerregion.

Was Sie brauchen:
3 cl Licor 43
2 cl Gin
1 cl Blue Curaçao
2 cl Lime Juice
12 cl Maracujasaft

So wirds gemacht:
1. Licor 43, Gin, Blue Curaçao, Lime Juice und Maracujasaft in einem Shaker schütteln.
2. Cartagena's Delight in ein Longdrinkglas abseihen.

Deko-Tipp:
1 Ananasspalte, 1 Erdbeere

SOL Y SOMBRE

Was Sie brauchen:
3 cl Licor 43
6 cl Maracujasaft
1 cl Aperol
0,5 cl Limettensaft

So wirds gemacht:
1. Licor 43, Maracujasaft, Aperol und Limettensaft in einem Shaker schütteln.
2. Sol y Sombre in einen Tumbler abseihen.

Deko-Tipp:
1 Fruchtspieß

FUN BEACH 43

Was Sie brauchen:
2 cl Licor 43
2 cl Aperol
1 cl Gin
2 cl Zitronensaft

So wirds gemacht:
1. Licor 43, Aperol, Gin und Zitronensaft in einem Rührglas verrühren.
2. Fun Beach 43 in ein Cocktailglas abseihen.

Deko-Tipp:
Limettenspirale

MILKY WAY

Was Sie brauchen:
2 cl Licor 43
2 cl Sahne
2 cl Cream of Coconut
1 cl Schokoladensirup

So wirds gemacht:
1. Licor 43, Sahne, Cream of Coconut und Schokoladensirup in einem Shaker schütteln.
2. Milky Way in ein Cocktailglas abseihen.

Deko-Tipp:
1 Erdbeere

CUARENTA SOUR

Was Sie brauchen:
4 cl Licor 43
4 cl Zitronensaft
2 cl Orangensaft

So wirds gemacht:
1. Licor 43 und Säfte in einem Shaker schütteln.
2. Cuarenta Sour in einen Tumbler abseihen.

Deko-Tipp:
1 Orangenscheibe

EIERLIKÖR STEAMER

EIERLIKÖR STEAMER

Der Vater unseres Eierlikörs ist der Avocadolikör. Die Holländer haben ihn in Südamerika entdeckt und lieben gelernt. Doch zu Hause hatten sie damals noch keine Avocados. Daher nahmen sie Eigelb zur Herstellung. Der Eierlikör (auch Advocaat genannt, der Name verrät unzweifelhaft die Herkunft) war geboren.

Was Sie brauchen:
3 cl Monin Lebkuchensirup
12 cl Milch
12 cl Eierlikör
1 EL geschlagene Sahne

So wirds gemacht:
1. Lebkuchensirup, Milch und Eierlikör erhitzen und in ein Punschglas gießen.
2. Eierlikör Steamer mit einer Sahnehaube abdecken.

EIERLIKÖR SMOOTHIE

Was Sie brauchen:
6 cl Monin Karamellsirup
12 cl Eierlikör
1 EL geschlagene Sahne

So wirds gemacht:
1. Etwas Crushed Ice in einen Elektromixer geben, Karamellsirup und Eierlikör darüber gießen, blenden.
2. Eierlikör Smoothie in ein Longdrinkglas gießen, mit einer Sahnehaube abdecken.

EIER-BANANEN-MILCH

Was Sie brauchen:
1/2 Banane
2 cl Eierlikör
2 cl Zuckersirup
1 Prise abgeriebene Zitronenschale
12 cl Milch

So wirds gemacht:
1. Banane, Eierlikör, Zuckersirup, Zitronenschale und Milch in einem Elektromixer blenden.
2. Eier-Bananen-Milch in ein Fancy-Glas gießen.

Deko-Tipp:
1 Bananenscheibe

LAWINE

Was Sie brauchen:
2 cl Eierlikör
4 cl Bommerlunder
1 Kugel Vanilleeis
8 cl Zitronenlimonade zum Auffüllen

So wirds gemacht:
1. Eierlikör, Bommerlunder und Vanilleeis in einem Elektromixer blenden.
2. In einen Tumbler gießen und mit Limonade auffüllen.

CHANGIRONGO

Was Sie brauchen:
1 cl Eierlikör
4 cl Tequila
Orangensaft zum Auffüllen

So wirds gemacht:
1. Eierlikör und Tequila in einem Shaker schütteln.
2. Einen Tumbler mit Eiswürfeln füllen. Changirongo darüber abseihen, mit Orangensaft auffüllen.

EL PRESIDENTE

EL PRESIDENTE

Sein Ruf als Lieblingsgetränk namhafter Führungspersonen machten ihn zum Präsidenten unter den Cocktails. Lange Zeit galt El Presidente als favorisierter Drink in Kuba, versprühte sein Aroma doch den Rhythmus der Insel.

Was Sie brauchen:
4 cl Bacardi Carta Blanca
2 cl Martini Extra Dry
1 cl Martini Rosso
2 cl Curaçao Triple Sec
1 Dash Grenadine

So wirds gemacht:
1. Rum, Martini, Curaçao und Grenadine in einem Rührglas verrühren.
2. El Presidente in eine Cocktailschale abseihen.

Deko-Tipp:
1 Orangenscheibe

CLUB FORREST

Was Sie brauchen:
2 cl Portwein
3 BL Curaçao Orange
2 cl Chartreuse Gelb
1 BL Zuckersirup
1 Eigelb

So wirds gemacht:
1. Portwein, Curaçao, Chartreuse, Zuckersirup und Eigelb in einem Shaker kräftig schütteln.
2. Club Forrest in einen Tumbler abseihen.

LITTLE DEVIL

Was Sie brauchen:
2 cl Gin
1,5 cl Curaçao Triple Sec
2 cl Rum
1,5 cl Zitronensaft

So wirds gemacht:
1. Gin, Curaçao, Rum und Zitronensaft in einem Shaker schütteln.
2. Little Devil in eine Cocktailschale abseihen.

GRÜNE WIESE

Was Sie brauchen:
4 cl Curaçao Blue
8 cl Orangensaft
2 cl trockener Sekt

So wirds gemacht:
1. Curaçao und Orangensaft in einem Shaker schütteln.
2. Grüne Wiese in eine Sektschale abseihen, mit Sekt auffüllen.

ELYSÉE

Was Sie brauchen:
4 cl Curaçao Orange
2 cl Crème de Vanille
3 Dash Zitronensaft

So wirds gemacht:
1. Curaçao, Crème de Vanille und Zitronensaft in einem Shaker schütteln.
2. Elysée in eine Cocktailschale abseihen.

GOLDEN EYE

GOLDEN EYE

Glitzerndes Gold fasziniert die Menschen schon seit Urzeiten. 1567 ersann der in Danzig lebende Holländer Ambrosien Vermöllen einen Würzlikör samt mittrinkbarem Blattgoldgeflimmer. Das Danziger Goldwasser glitzert ganz ohne Schütteln, denn Stärkesirup sorgt für eine erhöhte Viskosität der Spirituose und hält die feinen Blattgoldteilchen in der Schwebe.

Was Sie brauchen:
1 cl Danziger Goldwasser
2 cl Danzka Vodka
1 Dash Zitronensaft
trockener Sekt zum Auffüllen

So wirds gemacht:
1. Danziger Goldwasser, Wodka und Zitronensaft in einer Cocktailschale verrühren.
2. Mit Sekt auffüllen.

GOLDEN FLIP

Was Sie brauchen:
3 cl Picon
4,5 cl Danziger Goldwasser
6 cl Limettensaft
1 Eigelb
4 BL Zuckersirup
Sodawasser zum Auffüllen

So wirds gemacht:
1. Picon, Danziger Goldwasser, Limettensaft, Eigelb und Zuckersirup in einem Shaker kräftig schütteln.
2. In ein Longdrinkglas abseihen, mit Sodawasser auffüllen.

GOLD FEVER

Was Sie brauchen:
1 cl Vermouth
2 cl Danziger Goldwasser
1,5 cl Gin
2 BL Anisette

So wirds gemacht:
1. Vermouth, Danziger Goldwasser, Gin und Anisette in einem Shaker schütteln.
2. Gold Fever in ein Cocktailglas abseihen.

Deko-Tipp:
1 Cocktailkirsche

COLONY

Was Sie brauchen:
1,5 cl Danziger Goldwasser
2 cl Vermouth Dry
3 cl Gin
1 Dash Orange-Bitter

So wirds gemacht:
1. Danziger Goldwasser, Vermouth, Gin und Orange-Bitter in einem Rührglas verrühren.
2. In eine Cocktailschale abseihen.

GOLDFISCH

Was Sie brauchen:
2 cl Danziger Goldwasser
1 cl Cointreau
2 cl Gin
1 cl Zitronensaft

So wirds gemacht:
1. Danziger Goldwasser, Cointreau, Gin und Zitronensaft in einem Shaker schütteln.
2. Goldfisch in eine Cocktailschale abseihen.

GROOVY MONDAY

GROOVY MONDAY

Seit 1896 wird der Galliano in Solaro bei Mailand nach einem alten Rezept hergestellt. Die Komposition aus 70 verschiedenen Kräutern und Gewürzen stammt von Arturo Vaccari, einem Destillateur aus Livorno. Benannt ist die Likörspezialität allerdings nach dem italienischen Kommandanten Giuseppe Galliano, der sich im Abessinienkrieg 1895/96 auszeichnete.

Was Sie brauchen:
3,5 cl Bacardi Oro
3,5 cl Galliano
4 cl Grapefruitsaft
3 cl Ananassaft
4 cl Sahne

So wirds gemacht:
1. Rum, Galliano, Säfte und Sahne in einem Shaker schütteln.
2. Groovy Monday in ein Fancy-Glas abseihen.

Deko-Tipp:
1 Fruchtspieß

WILLAWA

Was Sie brauchen:
1,5 cl Cherry Brandy
1,5 cl Galliano
3 cl Brandy
1,5 cl Sahne

So wirds gemacht:
1. Cherry Brandy, Galliano, Brandy und Sahne in einem Shaker schütteln.
2. In eine Cocktailschale abseihen.

Deko-Tipp:
1 Prise abgeriebene Muskatnuss

HARVEY

Was Sie brauchen:
2 cl Galliano
4 cl Wodka
6 cl Orangensaft

So wirds gemacht:
1. Einen Tumbler mit Eiswürfeln füllen. Galliano, Wodka und Orangensaft darüber gießen und umrühren.

Deko-Tipp:
Trinkhalm

GOLDFINGER

Was Sie brauchen:
4 cl Wodka
4 cl Galliano
3 cl Ananassaft

So wirds gemacht:
1. Wodka, Galliano und Ananassaft in einem Shaker schütteln.
2. Goldfinger in eine Cocktailschale abseihen.

Deko-Tipp:
1 Ananasstück

SWEETHEART

Was Sie brauchen:
2 cl Marillenlikör
2 cl Gin Dry
1 cl Galliano
1 Dash Zitronensaft
2 Dash Grenadine

So wirds gemacht:
1. Marillenlikör, Gin, Galliano, Zitronensaft und Grenadine in einem Shaker schütteln.
2. Sweetheart in eine Cocktailschale abseihen.

HEERING BLOSSOM

HEERING BLOSSOM

Die Geschichte des Cherry Heering reicht bis in das Jahr 1818 zurück. Damals eröffnete Peter Heering in einem Souterrainlokal der Altstadt von Kopenhagen seine Feinkost- und Kolonialwarenhandlung. Seine Lehre hatte er im Geschäft des Ehepaares Carstensen absolviert. Weil sich der junge Mann dabei durch besonderen Fleiß ausgezeichnet hatte, vertraute ihm die Chefin zum Abschied und Start in die Selbstständigkeit ein streng gehütetes Rezept für einen feinen Kirschlikör an. Sofort startete Heering mit der Produktion und konnte bald u. a. die Kapitäne der stolzen Windjammer, die sich mit dem Kirschlikör bevorrateten, zu seinen Stammkunden zählen.

Was Sie brauchen:
2 cl Danzka Vodka
2 cl Cherry Heering
Apfelsaft zum Auffüllen

So wirds gemacht:
1. Drei Eiswürfel in ein Cocktailglas geben. Vodka und Cherry Heering darüber laufen lassen.
2. Mit Apfelsaft auffüllen.

LADY HEERING

Was Sie brauchen:
2 cl Cherry Heering
2 cl Zitronensaft
2 cl Gin
Trockener Sekt zum Auffüllen

So wirds gemacht:
1. Ein Longdrinkglas zur Hälfte mit Eiswürfeln füllen. Cherry Heering, Zitronensaft und Gin darüber gießen, umrühren.
2. Mit Sekt auffüllen.

Deko-Tipp:
1 Zitronenscheibe

KING PETER

Was Sie brauchen:
4 cl Cherry Heering
1 Dash Zitronensaft
10 cl Tonic Water zum Auffüllen

So wirds gemacht:
1. Ein Longdrinkglas zur Hälfte mit Crushed Ice füllen. Cherry Heering und Zitronensaft darüber geben, umrühren.
2. Mit Tonic Water auffüllen.

Deko-Tipp:
1 Limettenscheibe

UNDERCOVER

Was Sie brauchen:
4 cl Cherry Heering
2 cl Kirschwasser
2 cl Sahne

So wirds gemacht:
1. Cherry Heering, Kirschwasser und Sahne in einem Rührglas verrühren.
2. In ein Cocktailglas abseihen.

Deko-Tipp:
1 Prise Zimt zum Bestäuben

DATSCHA

Was Sie brauchen:
2 cl Cherry Heering
1 cl Wodka
2 cl Orangensaft
1 Dash Angostura
Mineralwasser zum Auffüllen

So wirds gemacht:
1. Cherry Heering, Wodka, Orangensaft und Angostura in ein Longdrinkglas füllen, verrühren.
2. Mit Mineralwasser auffüllen.

HERO TRICKSTER

HERO TRICKSTER

Anfang des 16. Jahrhunderts kreierte der Benediktinermönch Bernardo Vincelli eine wohlschmeckende Kräuter-Gewürz-Kombination: das Urrezept des Bénédictine. Im Laufe der Französischen Revolution 1789 wurde die Abtei von Fécamp, die Heimat von Vincelli, zerstört. Zum Glück konnten die Benediktinermönche Bücher und Urkunden des Hauses vorher in Sicherheit bringen. Alexandre Le Grand, ein Kaufmann aus Fécamp, fand schließlich im Jahre 1863 unter geerbten Papieren die Formel des Vincelli-Elixiers. Er verfeinerte das Rezept zu einem Likör und nannte ihn Bénédictine.

Was Sie brauchen:

1 cl Bacardi Carta Blanca
3 cl Bénédictine Dom Liqueur
1 cl Bols Red Orange
1 cl Limettensaft

So wirds gemacht:

1. Rum, Bénédictine, Red Orange und Limettensaft in einem Shaker schütteln.
2. Hero Trickster in ein Cocktailglas abseihen.

COCO DE MARTINIQUE

Was Sie brauchen:

3 cl Armagnac
3 cl Bénédictine
5 cl Cream of Coconut
10 cl Orangensaft

So wirds gemacht:

1. Etwas Crushed Ice in einen Elektromixer geben. Armagnac, Bénédictine, Cream of Coconut und Orangensaft zufügen und alles blenden.
2. In ein Longdrinkglas gießen.

BAND C

Was Sie brauchen:

3 cl Bénédictine
3 cl Calvados
1 cl brauner Rum

So wirds gemacht:

1. Bénédictine, Calvados und Rum in einem Shaker schütteln.
2. Band C in eine Cocktailschale abseihen.

GINGERBALL

Was Sie brauchen:

3 cl Bénédictine
2 cl Gin
2 cl Ananassaft
Ginger Ale zum Auffüllen

So wirds gemacht:

1. Bénédictine, Gin und Ananassaft in einem Shaker schütteln.
2. In ein Longdrinkglas abseihen, mit Ginger Ale auffüllen.

MONTE CARLO

Was Sie brauchen:

5 cl Whiskey
2 cl Bénédictine
2 Dash Angostura

So wirds gemacht:

1. Whiskey, Bénédictine und Angostura in einem Rührglas verrühren.
2. Monte Carlo in ein Cocktailglas abseihen.

Deko-Tipp:
2 Zitronenschalenstreifen

KIRSBERRY DREAM

KIRSBERRY DREAM

Vor über hundert Jahren kreierte der Weinkaufmann Carl Theodor Jespersen die Rezeptur des Kirsberrys. Um mit seiner Produktion im großen Stil beginnen zu können, nahm der Weinhändler ein Darlehen auf, das er – wie in den damaligen Zeiten üblich – in Goldmünzen ausgehändigt bekam. Als er das Darlehen zurückzahlte, behielt er eine Münze als Erinnerung und montierte diese auf einem goldenen Glas.

Was Sie brauchen:
4 cl Kirsberry
2 cl weißer Rum
10 cl frisch gepresster Orangensaft
2 BL Limettensaft
1/2 Kiwi
1 EL Sauerkirschen (aus dem Glas)
Sekt zum Auffüllen

So wirds gemacht:
1. Kirsberry, Rum und Säfte in einem Shaker schütteln.
2. Kiwi würfeln, mit Kirschen in ein Longdrinkglas füllen. Getränk darüber abseihen, mit Sekt auffüllen.

KIRSBERRY PUNSCH

Was Sie für 4 Gläser brauchen:
4 Eigelb
1 Päckchen Vanillin-Zucker
100 g Zucker
1 Prise Zimt
0,2 l Sahne, 0,5 l Milch
0,33 l Kirsberry

So wirds gemacht:
1. Eigelb, Zucker und Zimt in einem Topf verquirlen. Bei schwacher Hitze cremig aufschlagen, nach und nach Sahne, Milch und Kirsberry einlaufen lassen. Weiterschlagen bis alles schaumig ist, aber nicht kochen. In Punschgläser abgießen.

SOMMERGLÜCK

Was Sie brauchen:
4 Sauerkirschen
4 cl Kirsberry
2 Dash Angostura
Sekt zum Auffüllen

So wirds gemacht:
1. Kirschen entsteinen, mit Kirsberry in eine Sektflöte geben. Kurze Zeit stehen lassen. Angostura zufügen, umrühren.
2. Mit Sekt auffüllen.

Deko-Tipp:
2 Kirschen, die zusammenhängen

KIRSBERRY-MELONE

Was Sie brauchen:
1/4 Cantaloup Melone
4 cl Kirsberry
Bitter Lemon zum Auffüllen

So wirds gemacht:
1. Melonenfleisch zu Kugeln ausstechen, auf einen Spieß stecken und in ein Longdrinkglas stellen. Kirsberry daran entlang laufen lassen.
2. Mit Bitter Lemon auffüllen. Zum Schluss noch 2 Eiswürfel in das Glas geben.

DANISH SMILE

Was Sie brauchen:
5 cl Kirsberry
3 cl weißer Rum
5 cl Orangensaft

So wirds gemacht:
1. Kirsberry, Rum und Orangensaft in einem Shaker schütteln.
2. Getränk in einen Tumbler abseihen.

MAI TAI

MAI TAI

Trader Vic beansprucht die Erfindung des Mai Tais für sich. Er hat, so sagt er, den ersten Mai Tai in seinem Hinky Dink's Restaurant in Emmerville für Freunde aus Tahiti gemixt. Sie waren von seiner Kreation so begeistert, dass sie „Mai Tai – Roa Ae" ausgerufen haben sollen, was soviel bedeutet wie „Nicht von dieser Welt – das Beste".

Was Sie brauchen:
1 Limette
6 cl Bacardi Black
2 cl brauner, hochprozentiger Rum (ab 70 Vol.-%)
1 cl Apricot Brandy
4 cl Lime Juice
1 cl Zuckersirup

So wirds gemacht:
1. Einen Tumbler zur Hälfte mit Crushed Ice füllen. Limette vierteln, über dem Glas ausdrücken, Limettenstücke ins Glas geben.
2. Rum, Apricot Brandy, Lime Juice und Zuckersirup in einem Shaker schütteln, Mix über den Eiswürfeln abseihen, umrühren.

Deko-Tipp:
1 Zweig Minze

AQUEDUCT

Was Sie brauchen:
4 cl Wodka
1 BL Curaçao Blue
1 BL Apricot Brandy
2 cl Limettensaft

So wirds gemacht:
1. Wodka, Curaçao, Apricot Brandy und Limettensaft in einem Shaker schütteln.
2. Aqueduct in ein Cocktailglas abseihen.

NEVINS

Was Sie brauchen:
4 cl Bourbon Whiskey
3 BL Apricot Brandy
1 Dash Angostura
1 cl Zitronensaft
1,5 cl Orangensaft

So wirds gemacht:
1. Whiskey, Apricot Brandy, Angostura und Säfte in einem Shaker schütteln.
2. Nevins in eine Cocktailschale abseihen.

GISELA

Was Sie brauchen:
2 cl Mangolikör
1 cl Apricot Brandy
2 cl Kartoffelschnaps

So wirds gemacht:
1. Mangolikör, Apricot Brandy und Kartoffelschnaps in einem Shaker schütteln.
2. Gisela in eine Cocktailschale abseihen.

Deko-Tipp:
1 Cocktailkirsche

HELEN'S OWN

Was Sie brauchen:
3 cl Gin
3 cl Vermouth Dry
3 BL Apricot Brandy
3 BL Orangensaft

So wirds gemacht:
1. Gin, Vermouth, Apricot Brandy und Orangensaft in einem Shaker schütteln.
2. In eine Cocktailschale abseihen.

SIDECAR

SIDECAR

Auch um die „Erfindung" des Sidecar ranken sich unterschiedliche Geschichten. Eine davon besagt, dass der Gast, für den dieser Cocktail kreiert wurde, stets zu betrunken war, um allein nach Hause zu finden. Er wurde deshalb immer in den Beiwagen seines Motorrads gelegt, wo er seinen Rausch ausschlafen konnte.

Was Sie brauchen:
2 cl Rémy Martin Grand Cru (GC)
2 cl Cointreau
1 cl Limettensaft

So wirds gemacht:
1. Cognac, Cointreau und Limettensaft in einem Shaker schütteln.
2. Sidecar in ein Cocktailglas abseihen.

FROZEN SCOTCH

Was Sie brauchen:
1 Dash Orange-Bitter
4,5 cl Scotch Whisky
1 Dash Cointreau
1 Dash Zuckersirup
2 cl Zitronensaft
1 dünne Scheibe Ananas

So wirds gemacht:
1. Etwas Crushed Ice, Orange-Bitter, Whisky, Cointreau, Zuckersirup, Zitronensaft und Ananas in einem Elektromixer blenden.
2. In eine Cocktailschale gießen.

COLLINS EXTRA

Was Sie brauchen:
6 cl Cognac
2 cl Cointreau
2 cl Zitronensaft
Ginger Ale zum Auffüllen

So wirds gemacht:
1. Einen Tumbler zur Hälfte mit Eiswürfeln füllen. Cognac, Cointreau und Zitronensaft darüber gießen, umrühren.
2. Mit Ginger Ale auffüllen.

Deko-Tipp:
1 Cocktailkirsche, Trinkhalm

AMSTERDAM

Was Sie brauchen:
1 Dash Orange-Bitter
3 cl Genever
1 cl Cointreau
2 cl Orangensaft

So wirds gemacht:
1. Orange-Bitter, Genever, Cointreau und Orangensaft in einem Shaker schütteln.
2. Amsterdam in eine Cocktailschale abseihen.

KLEINER TEUFEL

Was Sie brauchen:
2 cl Gin
2 cl Rum
1 cl Cointreau
1 cl Zitronensaft

So wirds gemacht:
1. Gin, Rum, Cointreau und Zitronensaft in einem Rührglas verrühren.
2. In ein Cocktailglas abseihen.

SOUTHERN SUNSET

SOUTHERN SUNSET

Vor über 130 Jahren experimentierte der junge Barmixer M.W. Heron aus New Orleans mit unterschiedlichen Zutaten. Er vermischte den rauen amerikanischen Whiskey mit den weichen Aromen von Früchten und Kräutern des Südens. Ein neuer Drink war geboren: Southern Comfort. Man kann ihn pur trinken oder auch gut zum Mixen verwenden.

Was Sie brauchen:
2 cl Bacardi Carta Blanca
2 cl Southern Comfort
1 cl Grapefruitsaft
1 BL Grenadine

So wirds gemacht:
1. Bacardi, Southern Comfort und Grapefruitsaft in einem Shaker schütteln.
2. In eine Cocktailschale abseihen, anschließend den Grenadine darüber laufen lassen.

GOLDEN NAIL

Was Sie brauchen:
4 cl Whiskey
2 cl Southern Comfort

So wirds gemacht:
1. Vier Eiswürfel in einen Tumbler geben. Whiskey und Southern Comfort darüber gießen und umrühren.

ALABAMA SLAMMER

Was Sie brauchen:
3 cl Wodka
3 cl Southern Comfort
1 cl Grenadine
10 cl Orangensaft

So wirds gemacht:
1. Wodka, Southern Comfort, Grenadine und Orangensaft in einem Shaker schütteln.
2. Einen Tumbler zur Hälfte mit Crushed Ice füllen. Alabama Slammer darüber abseihen.

Deko-Tipp:
1 Orangenscheibe

SOUTHERN COLADA

Was Sie brauchen:
6 cl Southern Comfort
5 cl Sahne
5 cl Cream of Coconut
4 cl Ananassaft
4 cl Maracujasaft

So wirds gemacht:
1. Southern Comfort, Sahne, Cream of Coconut und Säfte in einem Shaker schütteln.
2. In einen Tumbler abseihen.

STEAM BOAT

Was Sie brauchen:
3 cl Southern Comfort
3 cl Zitronensaft
2 cl Aprikosensirup
10 cl Ginger Ale

So wirds gemacht:
1. Southern Comfort, Zitronensaft und Ahornsirup in einem Shaker schütteln.
2. In einen Tumbler abseihen, mit Ginger Ale auffüllen.

SWIMMING POOL

SWIMMING POOL

Zur Herstellung von Curaçao werden die Schalen unreifer Pommeranzen verarbeitet. Sie verleihen dem Likör Aroma und zuweilen auch Farbe. Früher wuchsen die Pommeranzen überwiegend auf der westindischen Insel Curaçao vor der Küste Venezuelas, daher auch der Name. Curaçao wird in unterschiedlichen Farben hergestellt, in hell (Curaçao Triple sec), in orange (Red Orange) grün und blau (Curaçao Blue).

Was Sie brauchen:
2 cl Bacardi Carta Blanca
2 cl Finlandia Vodka
6 cl Ananassaft
2 cl Sahne
2 cl Cream of Coconut
1 cl Curaçao Blue

So wirds gemacht:

1. Rum, Wodka, Ananassaft, Sahne und Cream of Coconut in einem Shaker schütteln.
2. Ein Fancy-Glas mit Crushed Ice füllen. Mix darüber abseihen. Curaçao über den Drink laufen lassen.

Deko-Tipp:
1 Ananas-Kirsch-Spieß

CHINESE

Was Sie brauchen:
2 cl Brandy
1 cl Curaçao Orange
2 cl Maraschino
1 cl Grenadine

So wirds gemacht:

1. Brandy, Curaçao, Maraschino und Grenadine in einem Shaker schütteln.
2. Chinese in eine Cocktailschale abseihen.

HAKAM

Was Sie brauchen:
1 Dash Orange-Bitter
2,5 cl Vermouth
2 BL Curaçao Orange
2,5 cl Gin

So wirds gemacht:

1. Orange-Bitter, Vermouth, Curaçao und Gin in einem Rührglas verrühren.
2. Hakam in eine Cocktailschale abseihen.

Deko-Tipp:
1 Cocktailkirsche

GIN ALOHA

Was Sie brauchen:
3 Dash Orange-Bitter
1 cl Curaçao Orange
5 cl Gin
2 cl Ananassaft

So wirds gemacht:

1. Orange-Bitter, Curaçao, Gin und Ananassaft in einem Shaker schütteln.
2. In eine Cocktailschale abseihen.

Deko-Tipp:
1 Cocktailkirsche

FINE AND DANDY

Was Sie brauchen:
4 cl Gin
1,5 cl Curaçao Triple Sec
1 Dash Orange-Bitter
1,5 cl Zitronensaft

So wirds gemacht:

1. Gin, Curaçao, Orange-Bitter und Zitronensaft in einem Shaker schütteln.
2. In eine Cocktailschale abseihen.

Deko-Tipp:
1 Kirsche

WHITE RUSSIAN

WHITE RUSSIAN

Ausgangsstoff für den Espressolikör Borghetti sind die Kaffeebohnen. Die ursprüngliche Heimat des Kaffeebaumes ist Äthiopien. Als die Nachfrage an Kaffee so groß wurde, dass der afrikanische Staat sie nicht mehr decken konnte, suchte man andere Anbaugebiete. Auf diese Weise gelangte der Kaffee nach Südamerika, dessen Gebirgsklima sich hervorragend für den Anbau eignet. Kein Wunder also, dass Kaffeeliköre überwiegend in Mexiko City produziert werden.

Was Sie brauchen:
4 cl Wodka Gorbatschow
2 cl Kaffeelikör
1 EL geschlagene Sahne

So wirds gemacht:
1. Wodka und Kaffeelikör in einem Rührglas verrühren.
2. In ein Stielglas abseihen. Mit einer Sahnehaube abdecken.

BANANA DRIFT

Was Sie brauchen:
1/2 Banane
2 cl Kaffeelikör
2 cl Crème de Cacao
4 cl Milch

So wirds gemacht:
1. Banane, Kaffeelikör, Crème de Cacao und Milch in einem Elektromixer blenden.
2. Einige Eiswürfel in ein Longdrinkglas geben, Banana Drift darüber gießen.

FUNKY MONKEY

Was Sie brauchen:
50 g Erdbeeren
2 cl Kaffeelikör
2 cl Sahne
2 cl Schokoladenlikör

So wirds gemacht:
1. Erdbeeren, Kaffeelikör, Sahne und Schokoladenlikör in einem Elektromixer blenden.
2. Einige Eiswürfel in ein Longdrinkglas geben, Funky Monkey darüber gießen.

HERMELIN

Was Sie brauchen:
2 cl Kaffeelikör
3 cl Tequila
2 cl Limettensaft
4 cl Sprite zum Auffüllen

So wirds gemacht:
1. Kaffeelikör, Tequila und Limettensaft in einem Shaker schütteln.
2. Ein Longdrinkglas mit Eiswürfeln füllen. Hermelin darüber abseihen, mit Sprite auffüllen.

DUCK FART

Was Sie brauchen:
2 cl Kaffeelikör
2 cl Bailey's
2 cl Canadian Whisky

So wirds gemacht:
1. Kaffeelikör, Bailey's und Whisky in einem Shaker schütteln.
2. Duck Fart in eine Cocktailschale abseihen.

GIN FIZZ

GIN FIZZ

Fizz heißt zischen, sprudeln, brausen. Fizzes sind immer Drinks, die mit Sodawasser oder Champagner aufgefüllt werden. Speziell der Gin-Fizz war der Klassiker der Nachkriegszeit. Aber bereits vor der Jahrhundertwende wurden Fizzes in amerikanischen Barbüchern aufgeführt.

Was Sie brauchen:
5 cl Gin
3 cl Zitronensaft
2 cl Zuckersirup
Sodawasser zum Auffüllen

So wirds gemacht:
1. Gin, Zitronensaft und Zuckersirup in einem Shaker schütteln.
2. Mix in ein Longdrinkglas abseihen. Auf das im Shaker verbliebene Eis etwas Sodawasser geben und den Drink damit auffüllen.

WODKA FIZZ

Was Sie brauchen:
5 cl Wodka
3 cl Zitronensaft
2 cl Zuckersirup
Sodawasser zum Auffüllen

So wirds gemacht:
1. Wodka, Zitronensaft und Zuckersirup in einem Shaker schütteln.
2. In ein Longdrinkglas abseihen. Auf das im Shaker verbliebene Eis etwas Sodawasser geben und den Drink damit auffüllen.

ORANGE FIZZ

Was Sie brauchen:
2 cl Gin
4 cl Orangensaft
1 cl Zitronensaft
1 cl Zuckersirup
Sodawasser zum Auffüllen

So wirds gemacht:
1. Gin, Säfte und Zuckersirup in einem Shaker schütteln.
2. In ein Longdrinkglas abseihen. Auf das im Shaker verbliebene Eis etwas Sodawasser geben und den Drink damit auffüllen.

GOLDEN FIZZ

Was Sie brauchen:
5 cl Gin
3 cl Zitronensaft
2 cl Zuckersirup
1 Eigelb
Sodawasser zum Auffüllen

So wirds gemacht:
1. Gin, Zitronensaft, Zuckersirup und Eigelb in einem Shaker kräftig schütteln.
2. In ein Longdrinkglas abseihen. Auf das im Shaker verbliebene Eis etwas Sodawasser geben und den Drink damit auffüllen.

DUBONNET FIZZ

Was Sie brauchen:
5 cl Dubonnet Rouge
1 cl Cherry Brandy
4 cl Orangensaft
1 cl Zitronensaft
Sodawasser zum Auffüllen

So wirds gemacht:
1. Dubonnet, Cherry Brandy und Säfte in einem Shaker schütteln.
2. In ein Longdrinkglas abseihen. Auf das im Shaker verbliebene Eis etwas Sodawasser geben und den Drink damit auffüllen.

EST. IN LONDON 1740
Distilled
FINSBURY
London Dry Gin
FINSBURY
EST. 1740
LONDON

GIN TONIC

GIN TONIC

Tonic Water ist eine klare, alkoholfreie Limonade mit Zucker, Zitrusauszügen und weniger als einem Zentigramm Chinin. Ohne Tonic Water gäbe es keinen Gin Tonic, teilweise auch „G and T" genannt. Der erfrischende Drink wurde früher in den britischen Kolonien angeblich nur als Malariafieber-Prophylaxe getrunken, heute rein aus Genuss.

Was Sie brauchen:
3 cl Finsbury London Dry Gin
Tonic Water zum Auffüllen

So wirds gemacht:
1. Ein Longdrinkglas mit Eiswürfeln füllen. Gin darüber gießen.
2. Mit Tonic Water auffüllen.

Deko-Tipp:
1 Limettenspalte

AMANDES

Was Sie brauchen:
125 g Himbeeren
2 BL Zucker
0,25 l Tonic Water zum Auffüllen

So wirds gemacht:
1. Himbeeren und Zucker im Elektromixer pürieren.
2. Zwei Eiswürfel in ein Longdrinkglas geben, Himbeerpüree darüber füllen, mit Tonic Water auffüllen und umrühren.

Deko-Tipp:
1 Zitronenspalte

PIRATENFEUER

Was Sie brauchen:
4 cl Birnensaft
4 cl Aprikosensaft
2 cl Kirschsaft
2 cl Zitronensaft
5 cl Tonic Water zum Auffüllen

So wirds gemacht:
1. Säfte in einem Shaker schütteln.
2. In ein Longdrinkglas abseihen, mit Tonic Water auffüllen.

Deko-Tipp:
1 Cocktailkirsche

TROPIC JINKS

Was Sie brauchen:
4 cl Gin
2 cl Limettensaft
Tonic Water zum Auffüllen

So wirds gemacht:
1. Ein Longdrinkglas mit Eiswürfeln füllen. Gin und Limettensaft darüber gießen, umrühren.
2. Mit Tonic Water auffüllen.

Deko-Tipp:
Trinkhalm

FANTASY ISLAND

Was Sie brauchen:
8 cl Maracujasaft
2 cl Grenadine
10 cl Tonic Water zum Auffüllen

So wirds gemacht:
1. Vier Eiswürfel in ein Longdrinkglas geben. Maracujasaft und Grenadine darüber geben, umrühren.
2. Mit Tonic Water auffüllen.

Deko-Tipp:
1 Limettenscheibe

RUM COLLINS

RUM COLLINS

Sodawasser, der Hauptbestandteil dieses Drinks, ist ein Trinkwasser, das entweder natürliche oder „künstlich eingepresste" Kohlensäure enthält. Der Siphon, ein Gerät, das die Herstellung von Sodawasser im Haushalt und in der Bar auf „Knopfdruck" ermöglicht, wurde schon 1775 von Dr. John North erfunden. Die damaligen Apparaturen waren als „Selzogene" im Handel. Die Flaschen wurden zum Schutz gegen Explosion mit Draht überzogen. Anfang des 20. Jahrhunderts kam die heutige Form des Siphons mit aufgesetzter Kohlensäurepatrone auf den Markt.

Was Sie brauchen:
4 cl Bacardi Carta Blanca
1 BL Zuckersirup
3 cl Zitronensaft
Sodawasser zum Auffüllen

So wirds gemacht:
1. Einige Eiswürfel in einen Tumbler geben. Rum, Zuckersirup und Zitronensaft darüber gießen, umrühren.
2. Mit Sodawasser auffüllen.

Deko-Tipp:
1 Cocktailkirsche, 1 Zitronenviertel

FLIPSIDE

Was Sie brauchen:
6 cl Kartoffelschnaps
2 cl Erdbeersirup
4 cl Orangensaft, 2 cl Zitronensaft
Sodawasser zum Auffüllen

So wirds gemacht:
1. Kartoffelschnaps, Erdbeersirup und Säfte in einem Shaker schütteln.
2. Einige Eiswürfel in einen Tumbler geben, Mix darüber abseihen, mit Sodawasser auffüllen.

Deko-Tipp:
Trinkhalm

KISS ME QUICK

Was Sie brauchen:
2,5 cl Pernod
2,5 cl Curaçao Orange
2,5 cl Angostura
Sodawasser zum Auffüllen

So wirds gemacht:
1. Einen Tumbler zur Hälfte mit Crushed Ice füllen. Pernod, Curaçao und Angostura darüber geben, umrühren.
2. Mit Sodawasser auffüllen.

Deko-Tipp:
Trinkhalm

CASSISODA

Was Sie brauchen:
4,5 cl Crème de Cassis
1 Dash Angostura
Sodawasser zum Auffüllen

So wirds gemacht:
1. Einige Eiswürfel in einen Tumbler geben. Crème de Cassis und Angostura darüber geben, umrühren.
2. Mit Sodawasser auffüllen.

Deko-Tipp:
Trinkhalm

CREAM PUFF

Was Sie brauchen:
6 cl Rum, 3 cl Sahne
1 BL Zuckersirup
Sodawasser zum Auffüllen

So wirds gemacht:
1. Rum, Sahne und Zuckersirup in einem Shaker schütteln.
2. In einen Tumbler abseihen und mit Sodawasser auffüllen.

Deko-Tipp:
Trinkhalm

RUM HIGHBALL

RUM HIGHBALL

Highballs sind Longdrinks, bei denen eine Spirituose im Originalrezept mit Ginger Ale aufgefüllt wird. Heute verwendet man dazu auch Tonic Water, Bitter Lemon, Bitter Orange, Sprite oder Sodawasser. Der skurrile Name soll von einem US-Bahnsignal stammen, dessen hochgezogener Ball einst „go ahead" bedeutete. Das passt ausgezeichnet zu der Ermunterung vieler Barkeeper: „Weiter so!"

Was Sie brauchen:
4 cl Bacardi Oro
Ginger Ale zum Auffüllen

So wirds gemacht:
1. Einige Eiswürfel in ein Longdrinkglas geben, Rum darüber gießen.
2. Mit Ginger Ale auffüllen.

ADMIRAL HIGHBALL

Was Sie brauchen:
3 cl Tokajer Wein
3 cl Bourbon Whiskey
1 BL Zitronensaft
Ginger Ale zum Auffüllen

So wirds gemacht:
1. Wein, Whiskey und Zitronensaft in einem Rührglas verrühren.
2. In ein Longdrinkglas abseihen, mit Ginger Ale auffüllen.

Deko-Tipp:
1 Zitronenspirale

SOUTH GINGER

Was Sie brauchen:
3 BL Ginger Liqueur
4,5 cl Bourbon Whiskey
3 BL Zitronensaft
3 cl Ginger Ale

So wirds gemacht:
1. Ginger Liqueur, Whiskey und Zitronensaft in einem Shaker schütteln.
2. South Ginger einen Tumbler abseihen. Ginger Ale dazugießen.

Deko-Tipp:
1 Zitronenspirale

PIMLET

Was Sie brauchen:
3 cl Pimm's No.1
Ginger Ale zum Auffüllen

So wirds gemacht:
1. Longdrinkglas zur Hälfte mit Crushed Ice füllen, Pimm's No. 1 darüber gießen, umrühren.
2. Getränk mit Ginger Ale auffüllen.

Deko-Tipp:
1 Orangenscheibe

MOSCOW MULE

Was Sie brauchen:
3 cl Wodka
3 cl Zitronensaft
Ginger Ale zum Auffüllen

So wirds gemacht:
1. Ein Longdrinkglas zur Hälfte mit Eiswürfeln füllen. Wodka und Zitronensaft darüber gießen, umrühren.
2. Mit Ginger Ale auffüllen.

Deko-Tipp:
1 Zitronenscheibe

SOUTHERN COLA

SOUTHERN COLA

In der bunten Welt der Mixgetränke darf eine amerikanische „Erfindung" nicht fehlen: Coca-Cola. Die berühmte Limonade wurde im Jahre 1886 im amerikanischen Bundesstaat Georgia erfunden. Damals kreierte der Apotheker Dr. John S. Pemberton ein süffiges Getränk aus selbst gemixtem Sirup und Sodawasser. Coca-Cola wurde ein Welterfolg, der Apotheker ein reicher Mann.

Was Sie brauchen:
4 cl Southern Comfort
Coca-Cola zum Auffüllen

So wirds gemacht:
1. Ein Longdrinkglas mit Eiswürfeln füllen, Southern Comfort darüber gießen, umrühren.
2. Mit Coca-Cola auffüllen.

BAD MOJO

Was Sie brauchen:
2 cl Wodka
2 cl weißer Rum
2 cl Cherry Brandy
4 cl Ananassaft
5 cl Zitronenlimonade
5 cl Coca-Cola

So wirds gemacht:
1. Wodka, Rum, Cherry Brandy und Ananassaft in einem Shaker schütteln.
2. In einen Tumbler abseihen, mit Zitronenlimonade und Coca-Cola auffüllen.

MICKEY MOUSE

Was Sie brauchen:
1 Kugel Vanilleeis
0,2 l Coca-Cola

So wirds gemacht:
1. Vier Eiswürfel und die Eiskugel in einen Tumbler geben.
2. Mit Coca-Cola auffüllen.

Deko-Tipp:
Trinkhalm

COLA ABSENT

Was Sie brauchen:
3 cl Pernod
Coca-Cola zum Auffüllen

So wirds gemacht:
1. Ein Longdrinkglas mit Eiswürfeln füllen, Pernod darüber gießen, umrühren.
2. Mit Coca-Cola auffüllen.

Deko-Tipp:
Trinkhalm

COLA FIZZ

Was Sie brauchen:
2 cl Cognac
2 cl Gin Dry
2 cl Zitronensaft
Coca-Cola zum Auffüllen

So wirds gemacht:
1. Cognac, Gin und Zitronensaft in einem Shaker schütteln.
2. In einen Tumbler abseihen, mit Coca-Cola auffüllen.

SOUTHERN GINGER ALE

SOUTHERN GINGER ALE

Schon zu Beginn des 19. Jahrhunderts wurde Ginger Ale erfunden. Ginger (das englische Wort für Ingwer) kam als Massenware aus den Kolonialreichen nach Großbritannien. Dort wurde es zu vielen unterschiedlichen Produkten verarbeitet. Unter anderem auch Ginger Ale, das trotz des Namens keinen Alkohol enthält.

Was Sie brauchen:
4 cl Southern Comfort
Ginger Ale zum Auffüllen

So wirds gemacht:
1. Ein Longdrinkglas mit Eiswürfeln füllen, Southern Comfort darüber gießen. Mit Ginger Ale auffüllen.

Deko-Tipp:
1 Zitronenscheibe

RAIL SPLITTER

Was Sie brauchen:
2 BL Zuckersirup
5 cl Zitronensaft
Ginger Ale zum Auffüllen

So wirds gemacht:
1. Ein Longdrinkglas mit Eiswürfeln füllen. Zuckersirup und Zitronensaft darüber gießen, umrühren.
2. Mit Ginger Ale auffüllen.

Deko-Tipp:
1 Zitronenscheibe

WODKA COOLER

Was Sie brauchen:
4,5 cl Wodka
3 BL Zuckersirup
5 cl Sodawasser
Ginger Ale zum Auffüllen

So wirds gemacht:
1. Einen Tumbler mit Eiswürfeln füllen, Wodka, Zuckersirup und Sodawasser darüber gießen, umrühren.
2. Mit Ginger Ale auffüllen.

Deko-Tipp:
Trinkhalm

APPLE BUCK

Was Sie brauchen:
5 cl Calvados
1 cl Zitronensaft
Ginger Ale zum Auffüllen

So wirds gemacht:
1. Einen Tumbler zur Hälfte mit Eiswürfeln füllen. Calvados und Zitronensaft darüber gießen, umrühren.
2. Mit Ginger Ale auffüllen.

Deko-Tipp:
Trinkhalm

DRUNKEN DUCK

Was Sie brauchen:
2 cl Mandarinenlikör
3 cl Gin
2 BL Orangensaft
2 BL Zitronensaft
Ginger Ale zum Auffüllen

So wirds gemacht:
1. Mandarinenlikör, Gin und Säfte in einem Shaker schütteln.
2. In eine Cocktailschale abseihen und mit Ginger Ale auffüllen.

APFELGARTEN

APFELGARTEN

Bitter Lemon zählt zu den Bittergetränken. Diese alkoholfreien Erfrischungen werden mit Bitterkräutern und einer Spur Chinin aromatisiert. Chininhaltige Getränke galten Ende des 19. Jahrhunderts in den Tropen als Malariaprophylaxe. Da man aber nicht nur an die Gesundheit, sondern überwiegend an den Genuss dachte, wurden diese Getränke häufig zum Mixen mit Spirituosen wie Gin und Wodka verwendet.

Was Sie brauchen:
10 cl Apfelsaft
1 EL Quittengelee
1 Msp. Zimt
10 cl Schweppes Bitter Lemon zum Auffüllen

So wirds gemacht:
1. Apfelsaft, Quittengelee und Zimt in einem Elektromixer blenden.
2. Einen Eiswürfel in ein Longdrinkglas geben, Mix darüber gießen, mit Bitter Lemon auffüllen.

Deko-Tipp:
1 Apfelspalte, 1 Zimtstange

SOHO

Was Sie brauchen:
2 cl Aprikot Brandy
3 cl Gin
2 cl Mangosirup
Bitter Lemon zum Auffüllen

So wirds gemacht:
1. Aprikot Brandy, Gin und Mangosirup in einem Shaker schütteln.
2. In einen Tumbler abseihen, mit Bitter Lemon auffüllen.

Deko-Tipp:
einige Trauben

APPLE COOLER

Was Sie brauchen:
2 cl Zitronensaft
8 cl Apfelsaft
2 cl Himbeersirup
8 cl Bitter Lemon zum Auffüllen

So wirds gemacht:
1. Ein Longdrinkglas zur Hälfte mit Eiswürfeln füllen. Säfte und Himbeersirup darüber gießen, umrühren.
2. Mit Bitter Lemon auffüllen.

Deko-Tipp:
Trinkhalm

APFELGARTEN MIT SCHUSS

Was Sie brauchen:
10 cl Apfelsaft
1 EL Quittengelee
2 cl Calvados
1 Msp. Zimt
10 cl Bitter Lemon zum Auffüllen

So wirds gemacht:
1. Apfelsaft, Quittengelee, Calvados und Zimt in einem Elektromixer blenden.
2. Einen Eiswürfel in ein Longdrinkglas geben, Mix darüber gießen, mit Bitter Lemon auffüllen.

YELLOW BIRD

Was Sie brauchen:
4 cl Lime Juice
8 cl Grapefruitsaft
0,16 l Bitter Lemon zum Auffüllen

So wirds gemacht:
1. Drei Eiswürfel in einen Tumbler geben. Lime Juice und Grapefruitsaft darüber gießen, umrühren.
2. Mit Bitter Lemon auffüllen.

Deko-Tipp:
1 Limettenscheibe

LATTE MACCHIATO

LATTE MACCHIATO

Der Name Latte Macchiato bedeutet „gefleckte Milch", d. h. wenig brauner Espresso wird in viel weiße aufgeschäumte Milch gegeben. Zum Aufschäumen der Milch sind kleine, batteriebetriebene Milchaufschäumer gut geeignet. Wichtig dabei: Die Milch sollte möglichst fettreich sein und nicht über 60 °C erhitzt werden.

Was Sie brauchen:
150 ml Milch
1 Portion Espresso
2 cl Disaronno

So wirds gemacht:
1. Milch erwärmen, in ein Longdrinkglas gießen und aufschäumen.
2. Espresso und Disaronno langsam in die Milch gießen.

ERDBEER-CARDINALE

Was Sie brauchen:
50 g Erdbeeren
25 g Himbeeren
1 BL Zucker
12,5 cl Milch
1 EL geschlagene Sahne

So wirds gemacht:
1. Erdbeeren, Himbeeren, Zucker und Milch in einem Elektromixer blenden.
2. In ein Longdrinkglas gießen, mit Sahne abdecken.

Deko-Tipp:
Mit gehackten Pistazien bestreuen.

BIRNEN-ZIMT-MILCH

Was Sie brauchen:
1/2 Birne
1 BL Zucker
1/2 BL Vanillin-Zucker
1 BL Zitronensaft
2 BL Sahne
1 Prise Zimt
10 cl Milch

So wirds gemacht:
1. Birne in Stücke schneiden, mit Zucker, Vanillin-Zucker, Zitronensaft, Sahne und Zimt im Elektromixer pürieren. Anschließend bei niedriger Stufe die Milch eingießen. Getränk in ein Longdrinkglas füllen.

BLACK & WHITE

Was Sie brauchen:
50 g geschlagene Sahne
1 TL Instantkakao
100 ml Milch
0,5 cl Rum
1/2 TL Vanillin-Zucker

So wirds gemacht:
1. Sahne mit Instantkakao verrühren und in ein Longdrinkglas spritzen.
2. Milch, Rum und Vanillin-Zucker in einem Shaker schütteln, über der Sahne abseihen.

SCHLUMMERTRUNK

Was Sie brauchen:
150 ml Milch
1 BL Honig
0,5 cl Cognac
1 Msp. Zimt
1 Msp. abgeriebene Muskatnuss

So wirds gemacht:
1. Milch stark erhitzen. Honig, Cognac, Zimt und Muskat einrühren.
2. Schlummertrunk in eine vorgewärmte Tasse gießen.

MANGO COLADA

MANGO COLADA

Seit Jahrtausenden sind die Kokosnüsse inhaltsvolle Grundnahrungsmittel in Südasien und der Südsee. Viele der aus ihr hergestellten Produkte haben inzwischen auch in den Cocktailbars Einzug gehalten. So die Kokosmilch, das beim Schütteln hörbare Wasser aus der frühreifen Kokosnuss, auch Kokoswasser genannt. Kokoscreme, auch Cream of Coconut, dagegen wird durch Pressen des reifen Fruchtfleisches gewonnen.

Was Sie brauchen:
1/4 Mango
2 BL Limettensaft
5 cl Kokosmilch
5 cl Asmussen Rum

So wirds gemacht:
1. Mango, Limettensaft, Kokosmilch und Rum in einem Elektromixer blenden.
2. Ein Longdrinkglas zu einem Drittel mit Crushed Ice füllen, Mango Colada darüber gießen.

Deko-Tipp:
1 Mangostück

SWEET TINA

Was Sie brauchen:
3 cl Rum
3 cl Kokosmilch
0,15 l Mangosaft
1 cl Grenadine

So wirds gemacht:
1. Rum, Kokosmilch, Mangosaft und Grenadine in einem Shaker schütteln.
2. Einen Tumbler zu einem Drittel mit Crushed Ice füllen. Sweet Tina darüber abseihen.

Deko-Tipp:
1 Mangospieß

BEACHCOMBER

Was Sie brauchen:
6 Erdbeeren
1/2 Banane
2 cl Wodka
4 cl weißer Rum
8 cl Kokosmilch
1 cl Grenadine
2 cl Limettensaft

So wirds gemacht:
1. Früchte, Wodka, Rum, Kokosmilch, Grenadine und Limettensaft in einem Elektromixer blenden.
2. In einen Tumbler gießen.

COCONUT CLIMBER

Was Sie brauchen:
2 cl Mangolikör
3 cl Rum
2 cl Sahne
12 cl Kokosmilch
0,5 cl Grenadine
4 cl Orangensaft

So wirds gemacht:
1. Mangolikör, Rum, Sahne, Kokosmilch, Grenadine und Orangensaft in einem Shaker schütteln.
2. Coconut Climber in einen Tumbler abseihen.

ORANGE COLADA

Was Sie brauchen:
2 cl Mandarinengeist
4 cl Orangenlikör
8 cl Kokosmilch
5 cl Sahne
8 cl Orangensaft

So wirds gemacht:
1. Mandarinengeist, Orangenlikör, Kokosmilch, Sahne und Orangensaft in einem Shaker schütteln.
2. Etwas Crushed Ice in einen Tumbler geben, Orange Colada darüber abseihen.

APFEL-JOGHURT-DRINK

APFEL-JOGHURT-DRINK

Sauermilchprodukte haben eine lange Tradition. In den Ländern des Vorderen Orients sind Joghurt und seine Artgenossen seit Jahrtausenden bekannt. Aufgrund der dort herrschenden hohen Temperaturen und den oft mangelhaften hygienischen Bedingungen säuerte die Milch schon nach kurzer Zeit – der Grundstein für die heutigen Sauermilchprodukte war gelegt.

Was Sie brauchen:
10 cl Apfelsaft
10 cl blauer Traubensaft
1 EL Vollmilch-Joghurt
1/2 BL Honig
1,5 EL Kölln Instant Flocken

So wirds gemacht:
1. Säfte, Joghurt, Honig und Instant Flocken in einem Elektromixer blenden.
2. Mix in ein Fancy-Glas gießen.

Deko-Tipp:
1 kleine Traube Weintrauben

JOJO

Was Sie brauchen:
150 g Vollmilch-Joghurt
3 cl Zitronensaft
6 cl Orangensaft
2 cl Pfirsichsirup
2 cl Erdbeersirup

So wirds gemacht:
1. Joghurt, Säfte und Sirupe in einem Elektromixer blenden.
2. Etwas Crushed Ice in einen Tumbler geben, Jojo darüber gießen.

Deko-Tipp:
1 Erdbeere

PAPRIKADRINK

Was Sie brauchen:
1/4 rote Paprikaschote
1 Cocktailtomate, 1 Knoblauchzehe
1 Blatt Zitronenmelisse
5 cl frisch gepresster Orangensaft
1 BL Zucker, 2 BL Sahne
Salz, Pfeffer
75 g Magermilch-Joghurt

So wirds gemacht:
1. Gemüse und Zitronenmelisse in einem Elektromixer pürieren. Saft, Zucker, Sahne, Gewürze und Joghurt zufügen, blenden.
2. Paprikadrink in ein Longdrinkglas gießen.

GEMÜSEDRINK

Was Sie brauchen:
100 g Zucchini
1 kleine Zwiebel, 2 Stängel Petersilie
je 1 Stängel Majoran und Thymian
1 Dash Zitronensaft
100 g Sahne-Joghurt, 10 cl Milch
Pfeffer, Kräutersalz

So wirds gemacht:
1. Gemüse und Kräuter in einem Elektromixer pürieren. Zitronensaft, Joghurt, Milch und Gewürze zufügen, blenden.
2. Gemüsedrink in ein Longdrinkglas gießen.

MAJO

Was Sie brauchen:
0,15 l Maracujasaft
50 g Vollmilch-Joghurt
1 cl Curaçao Blue

So wirds gemacht:
1. Maracujasaft, Joghurt und Curaçao in einem Elektromixer blenden.
2. Vier Eiswürfel in einen Tumbler geben, Majo darüber gießen.

Deko-Tipp:
1 Fruchtspieß

MANGO-LASSI

MANGO-LASSI

Joghurtdrinks, indisch Lassi genannt, sind süße und säuerliche Getränke, die die Verdauung stärken und deshalb in Indien am Ende einer üppigen Mahlzeit sehr beliebt sind. Im Sommer wirken sie angenehm erfrischend und kühlend. Für den Europäer wichtig zu wissen: Joghurt nimmt die Schärfe. Wenn ein Essen zu kräftig gewürzt war, kann ein Schluck Lassi das Brennen im Mund verringern.

Was Sie für 4 Gläser brauchen:
1 Mango
4 BL Zucker
500 g Vollmilch-Joghurt
0,5 l Mineralwasser
2 EL Kölln Instant Flocken

So wirds gemacht:
1. Mango würfeln und in einem Elektromixer pürieren. Zucker, Joghurt, Mineralwasser und Instant Flocken zufügen und alles blenden.
2. Mango-Lassi in vier Longdrinkgläser gießen.

MISS MARPLE

Was Sie brauchen:
2 BL gezuckertes Apfelmus
1/2 BL Zitronensaft
1/2 BL Vanillezucker
1 Msp. Zimt
1 cl Apfelsaft
75 g Magermilch-Joghurt

So wirds gemacht:
1. Apfelmus, Zitronensaft, Vanillezucker, Zimt, Apfelsaft und Joghurt in einem Elektromixer blenden.
2. Miss Marple in einen Tumbler gießen.

TURTLE'S DELIGHT

Was Sie brauchen:
25 g Vollmilch-Joghurt
1 cl Zitronensaft
10 cl Tomatensaft
1/4 Avocado
1 Prise Pfeffer
1 Prise Selleriesalz
1 Prise Salz

So wirds gemacht:
1. Joghurt, Säfte, Avocado und Gewürze in einem Elektromixer blenden.
2. Drei Eiswürfel in einen Tumbler geben, Getränk darüber gießen.

BANJO

Was Sie brauchen:
50 g Vollmilch-Joghurt
3 cl Bananensirup
15 cl Ananassaft

So wirds gemacht:
1. Joghurt, Bananensirup und Ananassaft in einem Elektromixer blenden.
2. Banjo in einen Tumbler gießen.

Deko-Tipp:
1 Fruchtspieß

BABYFACE

Was Sie brauchen:
10 cl Cranberry-Saft
5 cl Pfirsichsaft
2 BL Vollmilch-Joghurt
2 cl Cranberrysirup

So wirds gemacht:
1. Säfte, Joghurt und Cranberrysirup in einem Shaker schütteln.
2. Babyface in einen Tumbler abseihen.

Deko-Tipp:
1 Physalis

BLUEBERRY SHAKE

BLUEBERRY SHAKE

Rum war früher nicht nur bei den Matrosen beliebt, er hat auch vielen Flensburger Destillerien Reichtum beschert. Als vor über 250 Jahren Flensburg noch zu Dänemark gehörte, trieben viele seiner Kaufleute regen Handel mit der ebenfalls zu Dänemark gehörenden Karibikinsel St. Croix. Sie tauschten Werkzeuge und Porzellan gegen Baumwolle, Kaffee, Tabak und hochprozentigen Rum. Rund 200 Branntweindestillerien mischten die verschiedenen, in Eichenfässern importierten Rumsorten untereinander und setzten diese auf Trinkstärke herab. Flensburg wurde zur „Rum-Hauptstadt".

Was Sie für 4 Gläser brauchen:
250 g Heidelbeeren
2 BL brauner Zucker, 1 cl Zitronensaft
12 cl Asmussen Rum
0,25 l Holundersaft
Mineralwasser zum Auffüllen
8 EL geschlagene Sahne
4 BL gehackte Pistazien

So wirds gemacht:
1. Heidelbeeren, Zucker, Zitronensaft und Rum mischen, 20 Minuten marinieren lassen. Dann in einem Elektromixer blenden, mit Holundersaft auffüllen und in vier Fancy-Gläser gießen.
2. Mit Mineralwasser auffüllen, mit einer Sahnehaube abdecken und mit Pistazien bestreuen.

RUMMY

Was Sie brauchen:
3 cl brauner Rum
2 cl Galliano
2 cl Sherry Dry
2 cl Grenadine
5 cl Ananassaft, 5 cl Orangensaft
2 Dash Angostura

So wirds gemacht:
1. Rum, Galliano, Sherry, Grenadine, Säfte und Angostura in einem Shaker schütteln.
2. Rummy in ein Longdrinkglas abseihen.

Deko-Tipp:
1 Ananasspalte

RUM DAISY

Was Sie brauchen:
4 cl brauner Rum
2 cl Dubonnet
2 cl Zitronensaft
2 cl Zuckersirup
Sodawasser zum Auffüllen

So wirds gemacht:
1. Rum, Dubonnet, Zitronensaft und Zuckersirup in einem Shaker schütteln.
2. Ein Longdrinkglas zur Hälfte mit Crushed Ice füllen, Getränk darüber abseihen. Mit Sodawasser auffüllen.

OLD SAN JUAN

Was Sie brauchen:
4 cl brauner Rum
1 cl Grenadine
1 cl Ananassaft
1 cl Limettensaft

So wirds gemacht:
1. Rum, Grenadine und Säfte in einem Rührglas verrühren.
2. In ein Cocktailglas abseihen.

CARMENCITA

Was Sie brauchen:
3 cl brauner Rum
2 BL Limettensaft
4 cl Kirschlikör
Ginger Ale zum Auffüllen

So wirds gemacht:
1. Rum, Limettensaft und Kirschlikör in einem Shaker schütteln.
2. In ein Longdrinkglas abseihen und mit Ginger Ale auffüllen.

CUBA LIBRE

CUBA LIBRE

Der Cuba Libre wurde Anfang des letzten Jahrhunderts in Havanna erfunden. Sein Name bezog sich wohl auf das „freie Kuba“, nachdem die Spanier die Insel verlassen mussten, und Kuba unter der Schutzherrschaft der USA unabhängig wurde.

Was Sie brauchen:
2 Limettenachtel
4 cl Bacardi Carta Blanca
10 cl Cola

So wirds gemacht:
1. Limettenachtel in ein Longdrinkglas geben und ausdrücken. Einige Eiswürfel ins Glas geben. Bacardi darüber gießen.
2. Mit Cola auffüllen.

Deko-Tipp:
1 Limettenspalte + Trinkhalm

BAHAMAS

Was Sie brauchen:
6 cl weißer Rum
2 cl Limettensaft
2 Dash Grenadine

So wirds gemacht:
1. Rum, Limettensaft und Grenadine in einem Shaker schütteln.
2. Bahamas in einen Tumbler abseihen.

Deko-Tipp:
1 Limettenspalte

AFRICAN QUEEN

Was Sie brauchen:
1 cl weißer Rum
1 cl Batida de Coco
1 cl Grenadine
1 cl Maracujasaft
2 cl Orangensaft
1 cl Zitronensaft
2 cl Ananassaft
2 cl Grapefruitsaft

So wirds gemacht:
1. Rum, Batida de Coco, Grenadine und Säfte in einem Shaker schütteln.
2. In einen Sektkelch abseihen.

INTERNORGA

Was Sie brauchen:
2 cl weißer Rum
2 cl Pink Melon Liqueur
2 cl Grapefruitsaft
8 cl Sekt

So wirds gemacht:
1. Rum, Pink Melon Liqueur und Grapefruitsaft in einem Shaker schütteln.
2. Internorga in eine Sektschale abseihen. Mit Sekt auffüllen.

BLUE HAWAIIAN

Was Sie brauchen:
4 cl weißer Rum
2 cl blauer Curaçao
8 cl Ananassaft
4 cl Cream of Coconut

So wirds gemacht:
1. Rum, Curaçao, Ananassaft und Cream of Coconut mit etwas Crashed Ice im Elektromixer blenden.
2. In ein Longdrinkglas abseihen.

DAIQUIRI

DAIQUIRI

Über 100 Jahre ist er jung. 1896 erblickte dieser Drink in Daiquiri auf Kuba das Licht der Cocktailwelt, als der Ingenieur Jennings Cox zum ersten Mal weißen Rum und Limettensaft kombinierte. Zur großen Popularität verhalf dem Daiquiri John F. Kennedy, der ihn als „before dinner drink" bevorzugte.

Was Sie brauchen:

4 cl Bacardi Carta Blanca
1 cl Zuckersirup
2 cl Limettensaft

So wirds gemacht:

1. Rum, Zuckersirup und Limettensaft in einem Shaker schütteln.
2. Daiquiri in eine Cocktailschale abseihen.

MELISSA

Was Sie brauchen:

3 cl weißer Rum
1 cl Curaçao
1 cl Bols Tropical
1 cl Lime Juice
1 Dash Grenadine

So wirds gemacht:

1. Rum, Curaçao, Bols Tropical, Lime Juice und Grenadine in einem Rührglas verrühren.
2. Melissa in ein Cocktailglas abseihen.

Deko-Tipp:
1 Früchtespieß

GOLDEN CLIPPER

Was Sie brauchen:

4 cl weißer Rum
2 cl Peach Brandy
2 cl Orangensaft

So wirds gemacht:

1. Rum, Peach Brandy und Orangensaft in einem Shaker schütteln.
2. In ein Cocktailglas abseihen.

Deko-Tipp:
1/4 Orangenscheibe

ROBSON

Was Sie brauchen:

3 cl weißer Rum
1,5 cl Grenadine
1,5 cl Orangensaft
1 cl Zitronensaft

So wirds gemacht:

1. Rum, Grenadine und Säfte in einem Shaker schütteln.
2. Robson in ein Cocktailglas abseihen.

DUNLOP

Was Sie brauchen:

4 cl weißer Rum
2 cl Sherry Fino
1 Dash Angostura

So wirds gemacht:

1. Rum, Sherry und Angostura in einem Rührglas verrühren.
2. Dunlop in ein Cocktailglas abseihen.

Deko-Tipp:
1 Zitronenschalenstreifen

GROG

GROG

Über die Erfindung des Grogs wird Folgendes berichtet: Der britische Admiral Vernon mit dem Spitznamen „Old Groggram" sah es nicht gern, wenn die Besatzung der Marineschiffe die ihnen zustehende wöchentliche Rumration in einem Zug leerte. Deshalb befahl er, das Getränk mit Wasser zu verdünnen, um die Ration über mehrere Tage zu strecken. Die Seeleute, die diese Art der Sparsamkeit gar nicht schätzten, meinten, dass sei typisch für „Old Groggram". So verbreitete sich dieser Spitzname über alle Küsten der Welt.

Was Sie brauchen:
3 Stück Würfelzucker
5 cl Asmussen Rum

So wirds gemacht:
1. Zucker in ein Grogglas geben, einen Glasstößel oder Löffel hineinstellen, dann mit 0,25 l kochendem Wasser aufgießen und so lange rühren, bis sich der Zucker ganz aufgelöst hat. Dann den Rum dazugießen, umrühren und heiß trinken.

ALMKAFFEE

Was Sie für 2 Tassen brauchen:
1 Eigelb
2 BL Zucker
2,5 cl Rum
0,125 l heißer Kaffee

So wirds gemacht:
1. Eigelb, Zucker und Rum in einem Krug verrühren. Kaffee dazugießen und alles mit einem Schneebesen kräftig verquirlen.
2. Almkaffee in zwei Tassen gießen. Nach Belieben mit Sahne servieren.

KAFFEE PUNSCH

Was Sie brauchen:
5 cl starker heißer Kaffee
5 cl weißer Portwein
5 cl Rum
1 BL brauner Kandis

So wirds gemacht:
1. Kaffee, Portwein und Rum in einem Topf bis kurz vor dem Siedepunkt erhitzen, aber nicht kochen. Kandis einrühren.
2. Wenn sich der Kandis aufgelöst hat, Kaffee Punsch in eine Tasse gießen.

EIER-HONIG-GROG

Was Sie brauchen:
2 BL Honig
2 cl Rum
1 Eigelb

So wirds gemacht:
1. Honig und 10 cl heißes Wasser in einem Krug verrühren. Erst den Rum, dann das Eigelb zufügen und mit einem Schneebesen kräftig verquirlen.
2. Eier-Honig-Grog in eine Tasse gießen. Nach Belieben mit einer Eischneehaube servieren.

WIENER GROG

Was Sie brauchen:
3 Würfelzucker
2 cl Weinbrand
4 cl brauner Rum

So wirds gemacht:
1. Zucker in ein Grogglas geben, einen Glasstößel oder Löffel hineinstellen, dann mit 0,25 l kochendem Wasser aufgießen und so lange rühren, bis sich der Zucker ganz aufgelöst hat. Dann Weinbrand und Rum dazugießen, umrühren und heiß trinken.

NAVY GROG

NAVY GROG

Der Vorläufer des heutigen Rums, ein flüssiges Zuckerrohrdestillat namens Taiffa, war sehr hochprozentig. Nach ausgiebigen Trinkgelagen mit Taiffa gab es deshalb unter englischen Matrosen meist Krawall – "Rumboillon". Vielleicht, so glauben einige, ist das die Erklärung für den späteren Namen Rum.

Was Sie brauchen:
4 cl Havana Club Añejo Reserva
2 cl Havana Club 3 Jahre
2 cl Limettensaft
2 cl Orangensaft
2 cl Ananassaft
2 cl Bananenlikör

So wirds gemacht:
1. Etwas Crushed Ice in einen Elektromixer geben. Rum, Säfte und Likör zufügen, alles blenden.
2. Navy Grog in einen Tumbler gießen.

Deko-Tipp:
1 Ananasstück, 1 Stiel Minze, 1 Cocktailkirsche

COCOBANA

Was Sie brauchen:
6 cl brauner Rum
1 cl Cream of Coconut
1 cl Bananensirup
10 cl Milch
2 cl Sahne
2 BL Kakaopulver
5 cl Bananennektar

So wirds gemacht:
1. Rum, Cream of Coconut, Sirup, Milch, Sahne, Kakaopulver und Bananennektar in einem Shaker schütteln.
2. Vier Eiswürfel in einen Tumbler geben. Cocobana darüber abseihen.

BLACK ROSE

Was Sie brauchen:
5 cl brauner Rum
2 BL Zuckersirup
kalter Kaffee zum Auffüllen

So wirds gemacht:
1. Einen Tumbler zur Hälfte mit Eiswürfeln füllen. Rum und Zuckersirup darüber gießen und umrühren.
2. Mit Kaffee auffüllen.

Deko-Tipp:
Trinkhalm

A LA DONNA

Was Sie brauchen:
5 cl brauner Rum
5 cl Orangensaft
5 cl Zitronensaft

So wirds gemacht:
1. Rum und Säfte in einem Shaker schütteln.
2. Einen Tumbler zur Hälfte mit Crushed Ice füllen, A la Donna darüber abseihen.

Deko-Tipp:
1 Orangenscheibe

GOLDEN HEATH

Was Sie brauchen:
2 cl Sherry
2 cl brauner Rum
2 cl Drambuie

So wirds gemacht:
1. Sherry, Rum und Drambuie in einem Shaker schütteln.
2. In eine Cocktailschale abseihen.

PIÑA COLADA

PIÑA COLADA

Der Geburtsort eines der beliebtesten tropischen Cocktails liegt in San Juan auf Puerto Rico. Dort hat vor über 40 Jahren der verliebte Barkeeper Don Ramon den Piña Colada das erste Mal gemixt. Vor der ersten Begegnung mit seiner Angebeteten wollte Ramon sich noch Mut antrinken. Puren Rum, das typisch karibische Getränk, wagte er in der karibischen Hitze nicht zu trinken. Er wählte lieber eine Mischung aus Vitamin- und Energiespendern und „verfeinerte" das Getränk noch mit einem Schuss Rum. Das Happy End soll genauso anhaltend gewesen sein wie der Erfolg des Piña Coladas.

Was Sie brauchen:
4 cl weißer Rum
4 cl Coco Tara Cream of Coconut
8 cl Coco Tara Pineapple Juice
2 cl Kaffeesahne 12 %

So wirds gemacht:
1. Alle Zutaten mit viel Eis im Shaker mixen.
2. Über Eis in ein Longdrinkglas abseihen.

Deko-Tipp:
Ananas, Minze, Trinkhalm.

SOMBRERO COOLER

Was Sie brauchen:
4 cl weißer Rum
6 cl Ananassaft
6 cl Grapefruitsaft

So wirds gemacht:
1. Zutaten auf Eiswürfel in ein Longdrinkglas gießen, umrühren.

Deko-Tipp:
Mit Orangen- oder Zitronenscheibe dekorieren.

HONEYBEE

Was Sie brauchen:
3 cl weißer Rum
1 cl Zitronensaft
1 cl Honig

So wirds gemacht:
1. Rum, Zitronensaft und Honig in einem Shaker schütteln.
2. Honeybee in ein Cocktailglas abseihen.

PIÑA COLADA II

Was Sie brauchen:
9 cl weißer Rum
4,5 cl Kokosnussmilch
3 EL Ananasstückchen

So wirds gemacht:
1. Alle Zutaten im elektrischen Mixer vermischen.
2. Über Eiswürfel in ein Longdrinkglas füllen.

Deko-Tipp:
Eine geviertelte Ananasscheibe an den Glasrand stecken.

BAHIA

Was Sie brauchen:
4 cl weißer Rum
6 cl Ananassaft
6 cl Grapefruitsaft

So wirds gemacht:
1. Alle Zutaten mit Crushed Ice im elektrischen Mixer vermischen.
2. In ein hohes Longdrinkglas füllen.

Deko-Tipp:
Ananas, Minze, Trinkhalm.

PLANTER'S PUNCH

PLANTER'S PUNCH

„Kill the devil" hieß der Rum früher. Das Getränk, das selbst den „Teufel tötet", war dreihundert Jahre lang eng mit der Seefahrt verbunden. 1655 erbeuteten die Seeleute der Britischen Majestät auf Jamaika unter anderem auch Rum. Von da ab gab es statt der täglichen Gallone Bier ein Pint (etwa 1/2 Liter) Rum für jedes Besatzungsmitglied. Später wurde der Rum mit Wasser gestreckt und die Rationen verringert. Gehalten hat sich der Brauch allerdings bis 1970. Planters Punch dagegen ist eher ein Getränk für Gartenpartys.

Was Sie brauchen:
5 cl Old Pascas Dark Barbados Rum
4 cl Orangensaft
4 cl Ananassaft
3 cl Zitronensaft
4 cl Grenadine
1 cl Zuckersirup

So wirds gemacht:
1. Ein Longdrinkglas zur Hälfte mit Eiswürfeln füllen. Rum, Säfte, Grenadine und Zuckersirup drüber gießen, umrühren.

Deko-Tipp:
Früchtespieß

GOLDEN RUM SHAKE

Was Sie brauchen:
3 cl brauner Rum
1 cl Grenadine
Grapefruitsaft zum Auffüllen

So wirds gemacht:
1. Rum und Grenadine in einem Shaker schütteln.
2. In ein Longdrinkglas abseihen, mit Grapefruitsaft auffüllen.

Deko-Tipp:
1 Grapefruitscheibe

RUMBA

Was Sie brauchen:
4 cl brauner Rum
2 cl Zitronensaft
2 cl Maracujasirup
Ananassaft zum Auffüllen
1 cl Curaçao blue

So wirds gemacht:
1. Zwei Eiswürfel in ein Longdrinkglas geben. Rum, Zitronensaft und Maracujasirup darüber gießen und umrühren.
2. Rumba mit Ananassaft auffüllen. Zum Schluss Curaçao hineintröpfeln, nicht mehr rühren.

CARIBBEAN NIGHTMARE

Was Sie brauchen:
2 cl brauner Rum
2 cl Cream of Coconut
Cola zum Auffüllen

So wirds gemacht:
1. Rum und Cream of Coconut in einem Shaker schütteln.
2. Mix in ein Longdrinkglas abseihen, mit Cola auffüllen.

BARRACUDA

Was Sie brauchen:
4 cl brauner Rum
2 cl Vanillelikör
6 cl Anananssaft
3 cl Limettensaft

So wirds gemacht:
1. Einige Eiswürfel in einen Tumbler geben. Rum, Vanillelikör und Säfte darüber gießen, umrühren.

Deko-Tipp:
1 Ananasstück

WEIHNACHTSPUNSCH

WEIHNACHTSPUNSCH

Die Inder beanspruchen den weltweit beliebten Punsch kreiert zu haben. Schließlich leitet sich das Wort Punsch von „panch" aus dem Hindustanischen ab. Danach bedeutet panch „fünf" und genau fünf Zutaten symbolisieren die fünf Elemente: Feuer, Wasser (alternativ Wein), Erde (Zucker), Luft (Gewürze) und Geist (Rum). Britische Matrosen brachten den Punsch aus Indien mit, und geradezu boomartig wurde das so wunderbar wärmende Getränk im 17. Jahrhundert in Europa populär.

Was Sie für 6 Gläser brauchen:
1 l kräftiger Rotwein, 2 cl brauner Rum
4 cl Brombeersaft
4 BL brauner Kandiszucker
1 unbehandelte Orange
1 Stück Zitronenschale
4 Fuchs Gewürznelken, Sternanis
2 Stangen Fuchs Zimt „Ceylon Canehl"
1 TL Fuchs Spekulatiusgewürz
1 Msp. Fuchs Orangenschalen-Aroma

So wirds gemacht:
1. Rotwein, Rum und Saft erhitzen, Kandis darin auflösen. Orange in Scheiben schneiden, mit Zitronenschale und Gewürzen in den Rotwein geben. 10 Minuten ziehen lassen.
2. Weihnachtspunsch in Groggläser gießen.

SILVESTERPUNSCH

Was Sie für 20 Gläser brauchen:
2 Flaschen (à 0,7 l) trockener Rotwein
0,2 l Rum
12 cl Zitronensaft
250 g Zucker
Schale von je 1 Zitrone und Orange
0,3 l frisch gepresster Orangensaft

So wirds gemacht:
1. Rotwein, Rum, Zitronensaft, Zucker, Zitrusschalen und 1,5 l Wasser erhitzen, nicht kochen und 10 Minuten ziehen lassen.
2. Mit Orangensaft auffüllen und in Punschgläsern servieren.

ORANGENPUNSCH

Was Sie brauchen:
8 cl Rum
2 cl Cointreau
4 cl Zimtsirup
6 cl Orangensaft
heißer Tee zum Auffüllen

So wirds gemacht:
1. Rum, Cointreau, Zimtsirup und Orangensaft in einem Punschglas verrühren.
2. Mit Tee auffüllen.

Deko-Tipp:
1 Orangenscheibe

HOLLÄNDER-PUNSCH

Was Sie brauchen:
4 cl Rum
4 cl Genever
2 BL Zuckersirup
heißer Tee zum Auffüllen

So wirds gemacht:
1. Rum, Genever und Zuckersirup in einem Punschglas verrühren.
2. Mit Tee auffüllen.

NEGRITA-PUNSCH

Was Sie brauchen:
3 cl Rum
2 cl Armagnac
2 cl Zitronensaft
1 cl Ananassaft
2 BL Zuckersirup

So wirds gemacht:
1. Rum, Armagnac, Säfte und Zuckersirup in einem Punschglas verrühren.
2. Mit heißem Wasser auffüllen.

ZOMBI

ZOMBI

Rum hat zeitweise eine bewegte Geschichte durchlaufen. Er wurde für medizinische Zwecke benutzt, im Rahmen der Wahlkampagne George Washingtons kostenlos ausgeschenkt, und hat bei der amerikanischen Revolution eine gewichtige Rolle gespielt. Die berühmte Bostoner Teeparty im Jahr 1773 war eine Revolte gegen die Steuern, die die britische Regierung auf Tee und Melasse erhoben hatte. Mit Rum beladene Schiffe waren es, die im Revolutionskrieg die britische Seeblockade durchbrachen.

Was Sie brauchen:
4 cl Bacardi Oro
4 cl Bacardi Black
1 cl Apricot Brandy
1 cl Grenadine
2 cl Ananassaft
2 cl Zitronensaft

So wirds gemacht:
1. Rum, Apricot Brandy, Grenadine und Säfte in einem Shaker schütteln.
2. Ein Longdrinkglas mit Eiswürfeln füllen, Zombi darüber abseihen.

Deko-Tipp:
1 Limettenscheibe, Minzeblätter

JAMAICA IN

Was Sie brauchen:
2 cl Grenadine
2 BL Zucker
5 cl brauner Rum
2 cl Zitronensaft
5 cl Aprikosensaft
5 cl Ananassaft

So wirds gemacht:
1. Longdrink-Glasrand zuerst in Grenadine, dann in Zucker tauchen. Zwei Eiswürfel, Rum und Zitronensaft ins Glas geben, umrühren.
2. Mit Aprikosen- und Ananassaft auffüllen.

NEVADA

Was Sie brauchen:
2 cl weißer Rum
2 cl Pfirsichlikör
2 cl Himbeerlikör
3 cl Ananassaft
2 cl Orangensaft
1 cl Grenadine

So wirds gemacht:
1. Rum, Liköre, Säfte und Grenadine in einem Shaker schütteln.
2. Nevada in ein Longdrinkglas abseihen.

Deko-Tipp:
1 Früchtespieß

BLACK COCO

Was Sie brauchen:
4 cl Rum
2 cl Limettensaft
4 cl Cream of Coconut

So wirds gemacht:
1. Rum, Limettensaft und Cream of Coconut in einem Shaker schütteln.
2. Ein Longdrinkglas mit Eiswürfeln füllen, Mix darüber abseihen.

Deko-Tipp:
Minzeblätter

SOUTHERN MAMA

Was Sie brauchen:
5 cl weißer Rum
3 cl brauner Rum
3 cl Orangenlikör
4 cl Mangonektar
2 cl Maracujasaft
10 cl frisch gepresster Orangensaft

So wirds gemacht:
1. Rum, Orangenlikör, Nektar und Säfte in einem Shaker schütteln.
2. In ein Longdrinkglas abseihen.

CCC 51

Cranberries, die amerikanischen Schwestern unserer Preiselbeeren, wurden schon vor vielen Jahrhunderten von den Indianern als Nahrungsmittel genutzt und zu Getränken verarbeitet. Die Indianer setzten den tiefroten Saft darüber hinaus auch als Medizin und zum Färben von Stoffen ein. Ihren Namen bekamen die Cranberries allerdings erst von den Pilgervätern. Beim Anblick der Blüte verglichen sie deren schlanken, gebogenen Stengel mit dem Aussehen von Kopf und Nacken eines Kranichs (crane).

Was Sie brauchen:
4 cl Cachaça 51
16 cl Cranberry-Saft
1 Limettenachtel

So wirds gemacht:
1. Einen Tumbler mit Eiswürfeln füllen. Cachaça und Cranberry-Saft darüber gießen und verrühren.
2. Limettenachtel darüber auspressen und dazugeben.

PARADISE PUNCH

Was Sie brauchen:
2 cl Mandelsirup
4 cl Orangensaft
4 cl Grapefruitsaft
10 cl Cranberry-Saft

So wirds gemacht:
1. Mandelsirup und die Säfte in einem Shaker schütteln.
2. Einige Eiswürfel in ein Longdrinkglas geben, Paradise Punch darüber abseihen

Deko-Tipp:
1 Orangenspalte

SPARKLING CUP

Was Sie brauchen:
2 Erdbeeren
2 cl Erdbeersirup
10 cl Cranberry-Saft
10 cl Schlumberger Sparkling Sekt

So wirds gemacht:
1. Erdbeeren in Scheiben schneiden und mit Eiswürfeln in ein Longdrinkglas geben. Erdbeersirup und Cranberry-Saft darüber gießen, gut verrühren.
2. Mit Sekt auffüllen.

Deko-Tipp:
Einige Zitronenmelisseblätter

SPARKLING CRANBERRY

Was Sie brauchen:
10 cl Cranberry-Saft
10 cl Schlumberger Sparkling Sekt

So wirds gemacht:
1. Ein Longdrinkglas mit Eiswürfeln füllen und den Cranberry-Saft dazugießen. Mit kaltem Sekt auffüllen und etwas umrühren.

Deko-Tipp:
Grüne Weintrauben am Glasrand

CRANBERRY LEMON

Was Sie brauchen:
2 cl Limenjuice
10 cl Cranberry-Saft
Bitter Lemon zum Auffüllen

So wirds gemacht:
1. Ein Longdrinkglas mit Eiswürfeln füllen. Limenjuice und Cranberry-Saft darüber gießen, gut verrühren.
2. Mit Bitter Lemon auffüllen.

Deko-Tipp:
2 Cocktailkirschen

CHANTRÉ SOUR

CHANTRÉ SOUR

Die Sours (sprich „sauers") zählen zu den so genannten Herrengetränken. Ihren Namen verdanken diese recht konzentrierten Mixgetränke dem geschmacksprägenden Zitronensaft. Sie gelten als ideale Drinks für den frühen Abend und als Starter für Unentschlossene. Der klassische Sour wird mit Whisky gemixt. Wie bei allen erfolgreichen Rezepten gibt es aber auch hier viele Variationen, in denen man eine andere Spirituose verwendet.

Was Sie brauchen:
4 cl Chantré Weinbrand
3 cl Zitronensaft
3 BL Zucker

So wirds gemacht:
1. Chantré, Zitronensaft und Zucker in einem Shaker schütteln.
2. In einen Tumbler abseihen.

Deko-Tipp:
1 Zitronenscheibe, 1 Cocktailkirsche

WHISKEY SOUR

Was Sie brauchen:
5 cl Bourbon Whiskey
3 cl Zitronensaft
2 cl Läuterzucker

So wirds gemacht:
1. Whiskey, Zitronensaft und Läuterzucker in einem Shaker schütteln.
2. Whiskey Sour in einen Tumbler abseihen.

Deko-Tipp:
1 Cocktailkirsche

WODKA SOUR

Was Sie brauchen:
5 cl Wodka
3 cl Zitronensaft
2 cl Zuckersirup

So wirds gemacht:
1. Wodka, Zitronensaft und Zuckersirup in einem Shaker schütteln.
2. In einen Tumbler abseihen.

Deko-Tipp:
1 Cocktailkirsche

GIN SOUR

Was Sie brauchen:
5 cl Gin
3 cl Zitronensaft
2 cl Zuckersirup

So wirds gemacht:
1. Gin, Zitronensaft und Zuckersirup in einem Shaker schütteln.
2. Gin Sour einen Tumbler abseihen.

Deko-Tipp:
1 Cocktailkirsche

AMARETTO SOUR

Was Sie brauchen:
5 cl Amaretto
4 cl Zitronensaft
3 cl Orangensaft

So wirds gemacht:
1. Amaretto, Zitronensaft und Orangensaft in einem Shaker schütteln.
2. In einen Tumbler abseihen.

Deko-Tipp:
1 Cocktailkirsche

COSMOPOLITAN

COSMOPOLITAN

Zum Leben von Carrie Bradshaw gehört er dazu wie Mr. Big, New York und die ewige Suche nach der Liebe: der Cosmopolitan. Die US-Kultserie „Sex and the City" hat diesen Cocktail aus Wodka und Cranberry-Saft auch in Deutschland populär gemacht.

Was Sie brauchen:
3 cl Wodka
1 cl Curaçao Triple Sec
1 cl Limettensaft
2 cl Cranberry-Saft

So wirds gemacht:
1. Wodka, Curaçao und Säfte in einem Shaker schütteln.
2. In ein Cocktailglas abseihen.

Deko-Tipp:
1 Limettenscheibe und 1 Cranberry

SEX ON THE BEACH

Was Sie brauchen:
3 cl Wodka
3 cl Pêcher Mignon Pfirsichlikör
6 cl Ananassaft
10 cl Cranberry-Saft

So wirds gemacht:
1. Wodka, Pfirsichlikör und Säfte in einem Shaker schütteln.
2. Einige Eiswürfel in ein Longdrinkglas geben, Sex on the Beach darüber abseihen.

Deko-Tipp:
1 Pfirsichspalte

CRANBERRY COOLER

Was Sie brauchen:
1 cl Limettensirup
2 cl Appleton Rum, Special
2 cl Bols Red Orange
4 cl Orangensaft
10 cl Cranberry-Saft

So wirds gemacht:
1. Limettensirup, Appleton Rum, Red Orange und Säfte in einem Shaker schütteln.
2. Einige Eiswürfel in ein Longdrinkglas geben, Cranberry Cooler darüber abseihen.

Deko-Tipp:
1 halbe Orangenscheibe

CRANBERRY CUP

Was Sie brauchen:
1 cl Limettensaft
2 cl Limettensirup
4 cl Appleton Rum, White
12 cl Cranberry-Saft

So wirds gemacht:
1. Limettensaft, -sirup, Rum und Cranberry-Saft in einem Shaker schütteln.
2. Einige Eiswürfel in ein Longdrinkglas geben, Cranberry Cup darüber abseihen.

Deko-Tipp:
1 Limettenscheibe

CRANBERRY TONIC

Was Sie brauchen:
3 cl Limettensirup
4 cl Greenall's Gin
4 cl Orangensaft, 8 cl Cranberry-Saft
Tonic Water zum Auffüllen

So wirds gemacht:
1. Sirup, Gin und Säfte in einem Shaker schütteln.
2. Einige Eiswürfel in ein Longdrinkglas geben, Cranberry Mix darüber abseihen, mit Tonic Water auffüllen.

Deko-Tipp:
1 halbe Limettenscheibe

MARY PICKFORD

MARY PICKFORD

Gladys Marie Smith wurde in Toronto geboren. Unter dem Künstlernamen Mary Pickford machte sie im amerikanischen Stummfilm Weltkarriere. Ihr zu Ehren bekam der in Kuba kreierte Rum-Cocktail seinen Namen. Mit ihm sollten die zahlreichen amerikanischen Touristen, die wegen des Prohibitionsgesetzes in Scharen nach Kuba kamen, erfreut werden.

Was Sie brauchen:
4 cl Havana Club 3 Jahre
1 Dash Grenadine
1 Dash Limettensaft
10 cl Ananassaft

So wirds gemacht:
1. Rum, Grenadine und Säfte in einem Shaker schütteln.
2. Mary Pickford in ein Longdrinkglas abseihen.

Deko-Tipp:
1 Ananasstück

FLASCHENGEIST

Was Sie brauchen:
8 cl brauner Rum
4 cl Kirschsirup
8 cl Ananassaft
5 cl Kirschsaft
5 cl Zitronensaft

So wirds gemacht:
1. Rum, Sirup und Säfte in einem Shaker schütteln.
2. In eine kleine Flasche abseihen.

Deko-Tipp:
Trinkhalm

HAWAII GIRL

Was Sie brauchen:
6 cl Sahne
6 cl Orangensaft
6 cl Ananassaft
6 cl Cream of Coconut

So wirds gemacht:
1. Sahne, Säfte und Cream of Coconut in einem Elektromixer blenden.
2. Vier Eiswürfel in ein Longdrinkglas geben und den Hawaii Girl darüber abseihen.

Deko-Tipp:
1 Ananasstück

FLOOR POLISH

Was Sie brauchen:
1 cl Vermouth Bianco
1 cl Vermouth Dry
2 cl Gin
2 cl Ananassaft

So wirds gemacht:
1. Vermouth, Gin und Ananassaft in einem Shaker schütteln.
2. Floor Polish in eine Cocktailschale abseihen.

Deko-Tipp:
1 Cocktailkirsche

MANGO BREEZE

Was Sie brauchen:
6 cl brauner Rum
1 cl Cream of Coconut
1 cl Ananassaft, 1 cl Zitronensaft
10 cl Mangosaft
1 Dash Cherry Brandy

So wirds gemacht:
1. Rum, Cream of Coconut und Säfte in einem Shaker schütteln.
2. Mix in ein Longdrinkglas abseihen. Cherry Brandy zum Schluss darüber geben, nicht mehr rühren.

SANGRIA

SANGRIA

Sangria, die fruchtig-aromatische Erfrischung, gehört zu Spanien wie Paella, Flamenco und Stierkampf. In ihr vereinen sich die typischen Getränke und Früchte des Landes zu einem harmonischen Genuss. Den blutigen Namen (span. sangrar = bluten) bekam sie nur nach der Farbe, er hat nichts mit dem Stierkampf zu tun.

Was Sie für 4 Gläser brauchen:
2 Orangen
0,7 l leichter spanischer Rotwein
3 cl Brandy de Jerez
0,75 l frisch gepresster Orangensaft
6 cl Zitronensaft
4 BL Zucker

So wirds gemacht:
1. Orangen in Scheiben schneiden, in einen Krug geben, mit Rotwein und Brandy begießen. Säfte und Zucker verrühren, in den Krug gießen.
2. Vor dem Servieren sechs Eiswürfel in die Sangria geben.

DENIA SUNRISE

Was Sie brauchen:
10 cl Orangensaft
6 cl Tequila
1 cl Zitronensaft
2 cl Grenadine

So wirds gemacht:
1. Orangensaft, Tequila und Zitronensaft in einem Shaker schütteln.
2. Einige Eiswürfel in ein Longdrinkglas geben. Mix darüber abseihen. Grenadine zum Schluss darüber laufen lassen.

Deko-Tipp:
1 Zitronenscheibe

CAMPESINO

Was Sie brauchen:
2 Dash Brandy
4 cl brauner Rum
4 BL Zuckersirup
1 cl Zitronensaft
Orangensaft zum Auffüllen

So wirds gemacht:
1. Brandy, Rum, Zuckersirup und Zitronensaft in einem Shaker schütteln.
2. Einige Eiswürfel in ein Longdrinkglas geben, Mix darüber abseihen, mit Orangensaft auffüllen.

VALENCIA GOLD

Was Sie brauchen:
8 cl Orangensaft
2 cl Zitronensaft
4 cl weißer Rum
2 cl Sahne
2 cl Maracujasirup
1 cl Grenadine

So wirds gemacht:
1. Säfte, Rum, Sahne, Maracujasirup und Grenadine in einem Shaker schütteln.
2. In ein Longdrinkglas abseihen.

FUZZY NAVEL

Was Sie brauchen:
4 cl Pfirsichlikör
10 cl Orangensaft

So wirds gemacht:
1. Ein Longdrinkglas mit Eiswürfeln füllen. Pfirsichlikör und Orangensaft darüber gießen und umrühren.

Deko-Tipp:
1/2 Orangenscheibe

ALEXANDER

ALEXANDER

Über den Paten dieses Cocktails streiten sich die Geister. Einige meinen, er wäre nach Alexander dem Großen benannt, andere glauben, dass ein berühmter Barmixer namen Alexander das Getränk erfunden hat. Die Einwohner der Gascogne sind der Meinung, dass er nach dem Schriftsteller Alexandre Dumas heißt.

Was Sie brauchen:
1,5 cl Weinbrand
1 cl Monin Sirup Chocolat
0,5 cl Monin Sirup Vanille
3 cl Sahne

So wirds gemacht:
1. Weinbrand, Sirupe und Sahne in einem Shaker schütteln.
2. Alexander in einen Cognacschwanker oder eine Cocktailschale abseihen.

ALEXANDRA

Was Sie brauchen:
2 cl Gin
2 cl Crème de Cacao
2 cl Sahne

So wirds gemacht:
1. Gin, Crème de Cacao und Sahne in einem Shaker schütteln.
2. Alexandra in eine Cocktailschale abseihen.

Deko-Tipp:
Cocktail in einem Glas mit Zuckerrand servieren.

RUM-ALEXANDER

Was Sie brauchen:
2 cl weißer Rum
2 cl Crème de Cacao
2 cl Sahne

So wirds gemacht:
1. Rum, Crème de Cacao und Sahne in einem Shaker schütteln.
2. Rum-Alexander in eine Cocktailschale abseihen.

ALMOND EYE

Was Sie brauchen:
2 cl Marsala Wein
2 cl Crème de Cacao
2 cl Sahne

So wirds gemacht:
1. Wein, Crème de Cacao und Sahne in einem Shaker schütteln.
2. Almond Eye in ein Cocktailglas abseihen.

ANGELIC

Was Sie brauchen:
2 cl Bourbon Whiskey
1 cl Crème de Cacao
1 BL Grenadine
2 cl Sahne

So wirds gemacht:
1. Whiskey, Crème de Cacao, Grenadine und Sahne in einem Shaker schütteln.
2. Angelic in ein Cocktailglas abseihen.

ADONIS

ADONIS

Zuckersirup, auch Läuterzucker genannt, ist eine oft verwendete Mixzutat, die sich auch leicht selbst herstellen lässt. Hierfür 1 kg Zucker in 1 Liter kochendes Wasser streuen und rühren, bis er sich gelöst hat. Dabei nicht kochen lassen. Abgekühlten Zuckersirup in Flaschen füllen.

Was Sie brauchen:
6 cl Moskovskaya Zitrovka
5 cl Orangensaft
2 cl Zuckersirup
1 Eigelb
Sodawasser zum Auffüllen

So wirds gemacht:
1. Moskovskaya Zitrovka, Orangensaft, Zuckersirup und Eigelb in einem Elektromixer blenden.
2. In ein Cocktailglas gießen und mit Sodawasser auffüllen.

GOLDEN GLOVER

Was Sie brauchen:
4,5 cl Gold Rum
3 BL Cointreau
2 cl Zitronensaft
1 BL Zuckersirup

So wirds gemacht:
1. Rum, Cointreau, Zitronensaft und Zuckersirup in einem Shaker schütteln.
2. In eine Cocktailschale abseihen.

Deko-Tipp:
Orangenschalenstreifen

BANANA MIX

Was Sie brauchen:
1/2 Banane
2 cl Zuckersirup
1/2 BL Vanillezucker
5 cl Orangensaft
12 cl Milch

So wirds gemacht:
1. Banane, Zuckersirup, Vanillezucker, Orangensaft und Milch in einem Elektromixer blenden.
2. Banana Mix in einen Tumbler gießen.

Deko-Tipp:
1 Orangenscheibe, Trinkhalm

LAST KISS

Was Sie brauchen:
3 cl Rum
2 BL Vermouth Dry
1 cl Gin
2 BL Brandy
2 BL Zitronensaft
2 BL Zuckersirup

So wirds gemacht:
1. Rum, Vermouth, Gin, Brandy, Zitronensaft und Zuckersirup in einem Shaker schütteln.
2. In eine Cocktailschale abseihen.

ABSINTH AMERICAN

Was Sie brauchen:
3 cl Pernod
1 Dash Zuckersirup
3 cl kaltes Wasser

So wirds gemacht:
1. Pernod, Zuckersirup und Wasser in einem Shaker schütteln.
2. Absinth American in ein Cocktailglas abseihen.

GIMLET

GIMLET

Dieser Drink-Klassiker ist benannt nach dem holländischen Bohrer (wimmelkijn). Damit wurden die Lime-Fässer angebohrt, die einst in die britischen Kolonien exportiert wurden. Der in den Fässern transportierte Lime Juice sollte vor Skorbut, der klassischen Vitamin-C-Mangel-Krankheit, schützen. Um die Skorbut-Prophylaxe erträglicher zu machen, wurde der Lime Juice (Limettensirup) mit Gin gemischt: Der Gimlet war entstanden.

Was Sie brauchen:
4 cl Gordon's Gin
2 cl Rose's Lime Juice

So wirds gemacht:
1. Gin und Lime Juice in einem Shaker schütteln.
2. Gimlet in ein Cocktailglas abseihen.

Deko-Tipp:
1 Limettenscheibe

APRICOT FLIP

Was Sie brauchen:
2 cl Lime Juice
2 cl Sahne
1 Eigelb
10 cl Aprikosensaft

So wirds gemacht:
1. Lime Juice, Sahne, Eigelb und Aprikosensaft in einem Shaker kräftig schütteln.
2. Apricot Flip in einen Sektkelch abseihen.

Deko-Tipp:
1 Aprikosenspalte

LEO 25

Was Sie brauchen:
0,5 cl Pfirsichlikör
1 cl Vermouth
1 cl Aperol
2 cl Gin
2 cl Lime Juice

So wirds gemacht:
1. Pfirsichlikör, Vermouth, Aperol, Gin und Lime Juice in einem Shaker schütteln.
2. Leo 25 in ein Cocktailglas abseihen.

Deko-Tipp:
1 Orangenschalenspirale

ROSY DAWN

Was Sie brauchen:
2 cl Cherry Brandy
3 cl Gin
2 cl Curaçao Orange
3 BL Lime Juice

So wirds gemacht:
1. Cherry Brandy, Gin, Curaçao und Lime Juice in einem Shaker schütteln.
2. In eine Cocktailschale abseihen.

TWIN

Was Sie brauchen:
3 cl Gin
14 cl Maracujasaft
4 cl Lime Juice

So wirds gemacht:
1. Etwas Crushed Ice in einen Tumbler geben. Gin, Maracujasaft und Lime Juice darüber gießen und umrühren.

Deko-Tipp:
2 Cocktailkirschen, Trinkhalm

HANNIBAL

HANNIBAL

Seinen Namen erhielt Grenadine von der Karibikinsel Grenada. Von dort kamen früher die Purpurfrüchte (Granatäpfel), aus denen der Sirup erzeugt wurde. Der blutrote, kräftige Fruchtsirup darf in keiner Bar fehlen, denn er setzt farbige Akzente. Je nach Dosis werden die gemixten Drinks zartrosa bis tiefrot.

Was Sie brauchen:
3 cl Bacardi Carta Blanca
3 cl Batida de Coco
8 cl Cream of Coconut
1,5 cl Grenadine
3 cl Zitronensaft

So wirds gemacht:
1. Rum, Batida de Coco, Cream of Coconut, Grenadine und Zitronensaft in einem Shaker schütteln.
2. Hannibal in ein Longdrinkglas abseihen.

Deko-Tipp:
1 Karambolescheibe

CHE CHE

Was Sie brauchen:
6 cl Wodka
7,5 cl Ananassaft
1 Dash Grenadine
3 cl Cream of Coconut

So wirds gemacht:
1. Wodka, Ananassaft, Grenadine und Cream of Coconut in einem Shaker schütteln.
2. Che Che in ein Longdrinkglas abseihen.

IRISH ROSE

Was Sie brauchen:
3 cl Whiskey
1 cl Zitronensaft
1 cl Grenadine

So wirds gemacht:
1. Whiskey, Zitronensaft und Grenadine in einem Shaker schütteln.
2. Irish Rose in eine Cocktailschale abseihen.

DEL MONTE

Was Sie brauchen:
4 cl Rum
2 cl Zitronensaft
3 BL Grenadine

So wirds gemacht:
1. Rum, Zitronensaft und Grenadine in einem Shaker schütteln.
2. Del Monte in eine Cocktailschale abseihen.

DANACH

Was Sie brauchen:
1,5 cl Crème de Menthe
1,5 cl Kirschwasser
1,5 cl Wodka
1,5 cl Grenadine

So wirds gemacht:
1. Einen Tumbler mit Crushed Ice füllen. Crème de Menthe, Kirschwasser, Wodka und Grenadine darüber gießen, umrühren.

ORIENTAL DREAM

ORIENTAL DREAM

Im Jahre 1517 landeten die Spanier in Mexiko. Auf ihrer Suche nach Gold fanden sie viele unbekannte Gewürze. Das kostbarste unter ihnen war die Vanille, die schon von den Azteken zum Würzen von Speisen und Getränken hochgeschätzt wurde. Ihr unvergleichliches Aroma machte sie bald zur begehrtesten Rarität an europäischen Höfen. Die „Königin der Gewürze" wurde so zum Gewürz der Könige.

Was Sie für 6 Gläser brauchen:
200 g getrocknete Pflaumen
200 g getrocknete Aprikosen
50 g Rosinen
300 ml Asmussen Rum
0,2 l frisch gepresster Orangensaft
0,7 l kräftiger Rotwein
5 EL brauner Zucker
1 BL Vanillesirup, 1 Zimtstange, 3 Sternanis,
1 BL Gewürznelken

So wirds gemacht:
1. Früchte klein schneiden, mit Rum und Orangensaft begießen, 30 Minuten ziehen lassen.
2. Wein, Zucker und Sirup in einen Topf geben, Gewürzen zufügen, alles 20 Minuten köcheln lassen. Gewürze entfernen. Früchte, Rum und Saft zufügen. 10 Minuten bei schwacher Hitze ziehen lassen. In hitzebeständige Gläser gießen.

RAFFAELO

Was Sie brauchen:
2 cl Cream of Coconut
2 cl Mandelsirup
1 BL Vanillesirup
8 cl Milch

So wirds gemacht:
1. Cream of Coconut, Sirupe und Milch in einem Shaker schütteln.
2. Drei Eiswürfel in einen Tumbler geben. Raffaelo darüber abseihen.

Deko-Tipp:
1 Ananasstück

REFRESCO DE PAPAYA

Was Sie brauchen:
2 Papayaspalten
1 BL Vanillesirup
12 cl Milch
6 BL Zucker
5 cl Limettensaft
abgeriebene Schale von 1/2 Limette

So wirds gemacht:
1. Papayaspalten würfeln, mit Vanillesirup, Milch, Zucker, Limettensaft und -schale in einem Elektromixer blenden.
2. Refresco de Papaya in einen Tumbler gießen.

HIMBEERCOCKTAIL

Was Sie brauchen:
50 g Himbeeren
1 cl Zitronensaft
1 Kugel Himbeereis
1 BL Vanillesirup
2 BL Zucker

So wirds gemacht:
1. Beeren, Zitronensaft, Eis, Vanillesirup und Zucker in einem Elektromixer blenden.
2. Himbeercocktail in ein Longdrinkglas gießen.

MARSALA FLIP

Was Sie brauchen:
5 cl Marsala Wein
1 BL Vanillesirup
1 BL Zuckersirup
1 Eigelb

So wirds gemacht:
1. Wein, Sirupe und Eigelb in einem Shaker kräftig schütteln.
2. Marsala Flip in einen Sektkelch abseihen.

SOMMERNACHTSTRAUM

SOMMERNACHTSTRAUM

Sirupe erfüllen seit jeher eine wichtige Funktion beim Mixen. Sie süßen, aromatisieren und einige bringen zusätzliche Farbe in den Drink. Sirupe sind konzentrierte, dickflüssige Lösungen von Zucker in Wasser oder Zucker in Fruchtsäften oder Pflanzenauszügen, wie Mandel-, Nuss- oder Kräuterextrakten.

Was Sie brauchen:
2 cl Jameson
2 cl Amaretto
1 cl Apricot Brandy
1 cl Mandelsirup
2 cl Limettensaft
8 cl Maracujasaft
2 Erdbeeren

So wirds gemacht:
1. Etwas Crushed Ice, Whiskey, Erdbeeren, Amaretto, Apricot Brandy, Mandelsirup und Säfte in einen Elektromixer geben und blenden.
2. Sommernachtstraum in ein Fancy-Glas gießen.

Deko-Tipp:
1 Erdbeere, 1 Mangospalte, Zitrusschalen

MISS PIGGY

Was Sie brauchen:
6 cl Bananennektar
10 cl Himbeersaft
4 cl Mangosaft
1 cl Mandelsirup
2 cl Maracujasirup

So wirds gemacht:
1. Nektar, Säfte, Mandel- und Maracujasirup in einem Shaker schütteln.
2. Miss Piggy in ein Longdrinkglas abseihen.

Deko-Tipp:
1 Erdbeere

FROGGY

Was Sie brauchen:
1/4 Kiwi
3 cl Kiwisirup
3 cl Mandelsirup
10 cl Ananassaft
5 cl Zitronensaft

So wirds gemacht:
1. Kiwi mit Kiwisirup, Mandelsirup und Säften im Elektromixer blenden.
2. Etwas Crushed Ice in ein Longdrinkglas geben, Froggy darüber gießen.

Deko-Tipp:
1 Cocktailkirsche

B 75

Was Sie brauchen:
2 cl Sahne
10 cl Maracujasaft
4 cl Ananassaft
1 cl Erdbeersirup
2 cl Mandelsirup

So wirds gemacht:
1. Sahne, Säfte, Erdbeer- und Mandelsirup in einem Shaker schütteln.
2. B 75 in ein Longdrinkglas abseihen.

SWEET DREAMS

Was Sie brauchen:
0,15 l kalte Milch
2 cl Erdbeersirup
2 cl Mandelsirup

So wirds gemacht:
1. Milch in ein Longdrinkglas gießen. Erdbeer- und Mandelsirup dazugeben, umrühren.

Deko-Tipp:
1 Erdbeere

BLACK DEATH

BLACK DEATH

Zur Herstellung von Tequila darf nur die Agavensorte „Blaue Tequilana" verwendet werden. Und von ihr wiederum nur das Herz der Agave, die so genannte Piña. Nach der Destillation werden die weißen, klaren Sorten abgefüllt. Die braunen Sorten lagern noch ein bis vier Jahre in Eichenfässern, bekommen dabei ein fast rauchiges Aroma. Übrigens: Nur der in Mexico hergestellte Tequila mit der Ursprungsbezeichnung „denominación de origen" darf sich Tequila nennen. Jeder andere aus der Agave gewonnene Schnaps ist ein Mezcal.

Was Sie brauchen:

4 cl Bols Blue
2 cl Tequila
2 cl Bols Grenadine
4 cl Zitronensaft
8 cl Blutorangensaft

So wirds gemacht:

1. Bols Blue, Tequila, Grenadine und Säfte in einem Shaker schütteln.
2. Ein Longdrinkglas zur Hälfte mit Eiswürfeln füllen, Black Death darüber abseihen.

BLOODY BULL

Was Sie brauchen:

3 cl Tequila
1 cl Limettensaft
3 cl Tomatensaft
3 cl kalte Bouillon

So wirds gemacht:

1. Einen Tumbler zur Hälfte mit Eiswürfeln füllen. Tequila, Säfte und Bouillon darüber gießen, umrühren.

Deko-Tipp:

1 Limettenscheibe

PRINCE

Was Sie brauchen:

4 cl weißer Tequila
2 cl Licor 43
4 cl Schlagsahne
2 cl Cream of Coconut
10 cl Maracujasaft

So wirds gemacht:

1. Tequila, Licor 43, Sahne, Cream of Coconut und Saft in einem Shaker schütteln.
2. Prince in einen Tumbler abseihen.

Deko-Tipp:

1 Cocktailkirsche, Trinkhalm

MACHO

Was Sie brauchen:

4 cl Tequila
2 cl Pernod

So wirds gemacht:

1. Einen Tumbler mit Crushed Ice füllen. Tequila und Pernod darüber gießen, umrühren.

Deko-Tipp:

1 Limettenscheibe

MEXICANA

Was Sie brauchen:

4 cl Tequila
2 cl Zitronensaft
1 cl Ananassaft
1 BL Grenadine

So wirds gemacht:

1. Tequila, Säfte und Grenadine in einem Shaker schütteln.
2. Mexicana in eine Cocktailschale abseihen.

MARGARITA

MARGARITA

Die legendäre „Margarita" hat wahrscheinlich auf einer Klippe von Acapulco das Licht der Welt erblickt. Hier gab Margarita Sames 1948 auf ihrer Hacienda eine Party. Zu ihren Gästen zählte auch Nicky Hilton, der Erbe der Hilton-Kette. Um ihn und auch die übrigen Gäste an diesem heißen, trockenen Tag so richtig aufzumuntern, begann die Hausfrau an der Bar zu experimentieren und mixte einen Drink aus Tequila. Die Party wurde, wie auch der Cocktail, ein voller Erfolg.

Was Sie brauchen:
etwas Limettensaft zum Tauchen
Salz
2 cl Cointreau
4 cl Jose Cuervo Tequila
1 cl Limettensaft

So wirds gemacht:
1. Den Rand eines Cocktailglases erst in Limettensaft, dann in Salz tauchen.
2. Cointreau, Tequila und Limettensaft in einem Shaker schütteln und in das vorbereitete Glas abseihen.

ELDORADO

Was Sie brauchen:
5 cl Tequila
1 cl Triple Sec
1 cl Crème de Bananes
4 cl Orangensaft
4 cl Ananassaft
5 cl Bananennektar

So wirds gemacht:
1. Tequila, Triple Sec, Crème de Bananes und Säfte in einem Shaker schütteln.
2. In ein Longdrinkglas abseihen.

Deko-Tipp:
1 Orangenscheibe

AKZENT

Was Sie brauchen:
4 cl Tequila
1 cl Crème de Cassis
1 cl Limettensaft
1 cl Limettensirup

So wirds gemacht:
1. Tequila, Crème de Cassis, Limettensaft und -sirup in einem Shaker schütteln.
2. Einen Tumbler mit Eiswürfeln füllen. Akzent darüber abseihen.

Deko-Tipp:
Trinkhalm

ACAPULCO

Was Sie brauchen:
2 cl Tequila
2 cl Escorial grün
1 cl Zitronensaft
2 cl Grapefruitsaft

So wirds gemacht:
1. Tequila, Escorial grün und Säfte in einem Shaker schütteln.
2. Einige Eiswürfel in einen Tumbler geben. Acapulco darüber abseihen.

MANGO TEQUILA

Was Sie brauchen:
1/2 Mango
5 cl Tequila
1 cl Zitronensaft

So wirds gemacht:
1. Mangofleisch, zerstoßenes Eis, Tequila und Zitronensaft in einem Elektromixer blenden.
2. In ein Cocktailglas abseihen.

Deko-Tipp:
Einige Minzeblätter

TEQUILA SUNRISE

TEQUILA SUNRISE

Ein echter Klassiker unter den Cocktails. Einfach zubereitet und immer wieder lecker. Benannt ist der Sunrise nach der eindeutigen Assoziation seiner Farbe zu einem kitschig schönen Sonnenaufgang. Gut schmeckt der Sunrise auch mit Cachaça, Rum oder Weinbrand.

Was Sie brauchen:
5 cl Sierra Tequila Silver
10 cl Orangensaft
2 cl Grenadine

So wirds gemacht:
1. Tequila und Orangensaft in einem Shaker schütteln.
2. Ein Longdrinkglas mit Eiswürfeln füllen, Mix darüber abseihen. Grenadine darüber gießen und umrühren.

BERTHA

Was Sie brauchen:
3 cl Limettensaft
1 Dash Grenadine
3 cl Tequila
Grapefruitsaft zum Auffüllen

So wirds gemacht:
1. Longdrinkglas mit Eiswürfeln füllen. Limettensaft, Grenadine und Tequila darübergießen, umrühren.
2. Mit Grapefruitsaft auffüllen.

Deko-Tipp:
1 Limettenschalenstreifen

AZTECA

Was Sie brauchen:
3 Mangospalten
2 cl Limettensaft
1 BL Zuckersirup
3 cl Tequila

So wirds gemacht:
1. Mangospalten etwas zerkleinern, mit Limettensaft, Zuckersirup und Tequila in einem Elektromixer blenden.
2. Azteka in eine Cocktailschale gießen.

Deko-Tipp:
Trinkhalm

APOLLO 8

Was Sie brauchen:
2 cl Galliano
1 cl Curaçao Blue
1 cl Tequila
2 BL Sahne

So wirds gemacht:
1. Zuerst den Galliano, dann den Curaçao, anschließend den Tequila und zum Schluss die Sahne über einen verkehrt herum gehaltenen Barlöffel in ein schmales Glas laufen lassen.

SOMBRERO

Was Sie brauchen:
3 cl Tequila
1 cl Maracujasaft
1 cl Limettensaft
2 cl Ananassaft

So wirds gemacht:
1. Tequila und Säfte in einem Shaker schütteln.
2. Sombrero in eine Cocktailschale abseihen.

Deko-Tipp:
1 Limettenschale

ZORRO

ZORRO

Der Tequila, die Grundlage des Zorro, ist eine Erfindung der Nahua-Indianer. Dieser aus der Agave gewonnene Branntwein war schon zu Montezumas Zeiten das Getränk der Azteken und ist nach einem zentralmexikanischen Dorf benannt. Die mexikanische Regierung erlaubt die Bezeichnung Tequila, wenn mindestens 51% des Zuckers aus der Agave stammen. Der Rest darf Rohr- oder Maiszucker sein.

Was Sie brauchen:
4 cl Tequila
2 cl Boles Triple Sec Curaçao
1 cl Bols Blue
4 cl Grapefruitsaft
10 cl Tonic Water zum Auffüllen

So wirds gemacht:
1. Tequila, Curaçao, Bols Blue und Grapefruitsaft in einem Shaker schütteln.
2. Ein Longdrinkglas zur Hälfte mit Eiswürfeln füllen. Mix darüber abseihen, mit Tonic Water auffüllen.

Deko-Tipp:
1 Cocktailkirsche, Trinkhalm

TEQUILA BOYS

Was Sie brauchen:
2 cl Grand Marnier
1 cl Whisky
3 cl Tequila
3 BL Grenadine
7 cl Orangensaft
4 Dash Limettensaft

So wirds gemacht:
1. Grand Marnier, Whisky, Tequila, Grenadine und Säfte in einem Shaker schütteln.
2. In einen Tumbler abseihen.

Deko-Tipp:
1 Minzeblatt

GREEN WIDOW

Was Sie brauchen:
1 cl grüner Bananenlikör
2 cl Curaçao Blue
4 cl Tequila
1 cl Zuckersirup
6 cl Ananassaft
6 cl Maracujasaft
4 cl Zitronensaft

So wirds gemacht:
1. Bananenlikör, Curaçao, Tequila, Zuckersirup und Säfte in einem Shaker schütteln.
2. Green Widow in einen Tumbler abseihen.

CARAMBA

Was Sie brauchen:
4 cl Tequila
6 cl Grapefruitsaft
1 cl Zuckersirup

So wirds gemacht:
1. Tequila, Grapefruitsaft und Zuckersirup in einem Shaker schütteln.
2. Caramba in einen Tumbler abseihen. Auf Wunsch mit Sodawasser auffüllen.

TEQUINI

Was Sie brauchen:
6 cl Tequila
1,5 cl Vermouth Dry

So wirds gemacht:
1. Tequila und Vermouth in einem Rührglas verrühren.
2. Tequini in ein Cocktailglas abseihen.

Deko-Tipp:
1 Zitronenspirale

BONN 2000

BONN 2000

Die Geschichte des französischen Weinaperitifs (aus der Familie des Vermouths) Noilly Prat beginnt wie ein Märchen: Ein Kutscher war hoffnungslos in eine Frau aus hoher gesellschaftlicher Stellung verliebt. Sein Herr Joseph Noilly riet dem jungen Mann, die Dame einfach zu entführen, der Vater würde der Hochzeit anschließend schon zustimmen. Der Kutscher entführte Fräulein Noilly. Als guter Verlierer billigte der Vater nicht nur die Heirat, sondern machte seinen Schwiegersohn Claudius Prat zum Teilhaber seiner Firma.

Was Sie brauchen:
2 cl Noilly Prat
2 cl Pêcher Mignon
1 cl St. George Williams Eau de Vie

So wirds gemacht:
1. Noilly Prat, Pêcher Mignon und Birnenbranntwein in einem Rührglas verrühren.
2. Bonn 2000 in ein Cocktailglas abseihen.

Deko-Tipp:
1 Minibirne

ROSE FRENCH

Was Sie brauchen:
2 cl Noilly Prat
2 cl Greenall's Dry Gin
1 cl St. George Williams Eau de Vie

So wirds gemacht:
1. Noilly Prat, Gin und Birnenbranntwein in einem Rührglas verrühren.
2. In eine Cocktailschale abseihen.

NOILLY PRAT SOUR

Was Sie brauchen:
4 cl Noilly Prat
1 cl Gin
2 cl Zitronensaft
2 cl Zuckersirup

So wirds gemacht:
1. Noilly Prat, Gin, Zitronensaft und Zuckersirup in einem Shaker schütteln.
2. Einige Eiswürfel in einen Tumbler geben. Noilly Prat Sour darüber abseihen.

Deko-Tipp:
1 Cocktailkirsche

BAMBOO

Was Sie brauchen:
3 cl Noilly Prat
3 cl Sherry Emilio Lustau, Fino „Jarana"
1 Spritzer Orange-Bitter

So wirds gemacht:
1. Noilly Prat, Sherry und Orange-Bitter in einem Rührglas verrühren.
2. Bamboo in ein Cocktailglas abseihen.

Deko-Tipp:
1 Cocktailkirsche

BIG APPLE

Was Sie brauchen:
3 cl Noilly Prat
3 cl Calvados
2 cl Pêcher Mignon

So wirds gemacht:
1. Noilly Prat, Calvados und Pêcher Mignon in einem Rührglas verrühren.
2. Big Apple in ein Cocktailglas abseihen.

Deko-Tipp:
1 Miniapfel

MARTINI DRY

MARTINI DRY

Das Lieblingsgetränk von James Bond ist in aller Munde. Allerdings macht der Agent 007 einen entscheidenden Fehler: Er trinkt den Martini Dry geschüttelt und nicht gerührt. Die gesamte Barkeeperschaft sieht das anders. Ein Martini Dry gehört ins Rührglas, nicht in den Shaker. Übrigens dry bedeutet in diesem „Cocktail-Fall", dass er sehr viel Gin enthält, ein Extra Dry Martini enthält noch mehr Gin und noch weniger Vermouth und der Top Dry Martini „hat den Vermouth-Duft nur eingeatmet", er besteht fast aus purem Gin.

Was Sie brauchen:
4 cl Greenall's Dry Gin
1 cl Noilly Prat
1 grüne Olive mit Stein

So wirds gemacht:
1. Gin und Noilly Prat in ein Rührglas geben und verrühren.
2. In ein Cocktailglas abseihen, Olive am Spieß hineinlegen.

CROISETTE

Was Sie brauchen:
2 cl Vermouth Bianco
2 cl Vermouth Dry
2 cl Cherry Brandy
3 BL Kirschwasser

So wirds gemacht:
1. Vermouth, Cherry Brandy und Kirschwasser in ein Rührglas geben und verrühren.
2. Croisette in ein Cocktailglas abseihen.

Deko-Tipp:
1 Cocktailkirsche

VERMOUTH ADDINGTON

Was Sie brauchen:
2,5 cl Vermouth Bianco
2,5 cl Vermouth Dry
Sodawasser zum Auffüllen

So wirds gemacht:
1. Vermouth Bianco und Vermouth Dry in einem Shaker schütteln.
2. In ein Cocktailglas abseihen und mit Sodawasser auffüllen.

Deko-Tipp:
1 Zitronenspirale

A.B.V.

Was Sie brauchen:
1 cl Campari Bitter
1 cl Amaretto
4 cl Vermouth Dry

So wirds gemacht:
1. In ein Becherglas einige Eiswürfel geben. Campari, Amaretto und Vermouth über das Eis gießen und umrühren.

Deko-Tipp:
1 Zitronenscheibe

DRY EYES

Was Sie brauchen:
4 cl Kleiner Feigling
2 cl Vermouth Dry
2 grüne Oliven mit Stein

So wirds gemacht:
1. Kleinen Feigling und Vermouth in ein Rührglas geben und verrühren.
2. In ein Cocktailglas abseihen, Oliven hineinlegen.

MOSKO-GREEN

MOSKO-GREEN

Mit Kräutern oder Gewürzen aromatisierte Weine waren schon im 5. Jahrhundert vor Christi bekannt. Das Wermutkraut kam wahrscheinlich erst im 16. Jahrhundert in den Wein. Der Herstellungsort dieses ersten Vermouths liegt südlich von Turin in der ialienischen Provinz Piemont. Und auch heute noch ist der „Vino Vermouth di Torino" allerorten bekannt und international geschätzt.

Was Sie brauchen:
2 cl Wodka Moskovskaya
1,5 cl Apricot Brandy
1,5 cl Vermouth Dry
1 cl Bananenlikör
Ananassaft zum Auffüllen

So wirds gemacht:
1. Ein Longdrinkglas mit Crushed Ice füllen. Wodka, Apricot Brandy, Vermouth und Bananenlikör darüber gießen, umrühren.
2. Mit Ananassaft auffüllen.

Deko-Tipp:
1 Cocktailkirsche, 1 Zitronenscheibe

ALMAZA

Was Sie brauchen:
1 BL Martini Rosso
2 cl Vermouth Rosso
4 cl Gin

So wirds gemacht:
1. Martini, Vermouth und Gin in ein Rührglas geben und umrühren.
2. Almaza in ein Cocktailglas abseihen.

GOCCIA DI LUNA

Was Sie brauchen:
1,5 cl Vermouth Dry
2 Dash Angostura
2 cl Wodka
1,5 cl Apricot Brandy

So wirds gemacht:
1. Vermouth, Angostura, Wodka und Apricot Brandy in einem Rührglas verrühren.
2. In ein Cocktailglas abseihen.

Deko-Tipp:
1 Orangenschalenstreifen

VICTORIA

Was Sie brauchen:
3 cl Whisky
3 cl Melonenlikör
1 cl Vermouth Dry

So wirds gemacht:
1. Whisky, Likör und Vermouth in einem Shaker schütteln.
2. Vier Eiswürfel in einen Tumbler geben, Victoria darüber abseihen.

Deko-Tipp:
5 Melonenkugeln

ROSITA

Was Sie brauchen:
2 cl Vermouth Rosso
2 cl Vermouth Extra Dry
2 cl Tequila
2 cl Campari

So wirds gemacht:
1. Vermouth, Tequila und Campari in einem Rührglas verrühren.
2. Rosita in ein Cocktailglas abseihen.

SPRING TIME

SPRING TIME

Schon Anfang des 16. Jahrhunderts verstand sich die Familie Cinzano aus Pecetto bei Turin aufs Winzern und Liköransetzen. Seit 1757 produziert das Familienunternehmen auch einen Wein-Aperitif, der mit dem Wermutkraut versetzt ist. Die ausgewählten Weine, Kräuter, Blüten und Gewürzessenzen sind legendäres Familiengeheimnis (bekannt sind: Schafgarbe, Enzian, Zimt, Chinarinde, Koriander, Chin. Rhabarber, Thymian, Majoran, Orangenschalen und Wermutblüten).

Was Sie brauchen:
4 cl Cinzano Bianco
3 cl Gin
2 cl Apricot Brandy

So wirds gemacht:
1. Cinzano, Gin und Apricot Brandy in einem Rührglas verrühren.
2. Spring Time in eine Cocktailschale abseihen.

Deko-Tipp:
1 Orangenspirale

VIVA LIMONE

Was Sie brauchen:
6 cl Cinzano Bianco
15 cl Bitter Lemon zum Auffüllen

So wirds gemacht:
1. Ein Longdrinkglas mit Eiswürfeln füllen. Cinzano darüber gießen, umrühren.
2. Mit Bitter Lemon auffüllen.

Deko-Tipp:
1 Limettenscheibe

BERRY ROSSO

Was Sie brauchen:
3 cl Cinzano Rosso
2 cl Wodka
1 cl Erdbeersirup
2 cl Zitronensaft
8 cl Orangensaft

So wirds gemacht:
1. Cinzano, Wodka, Erdbeersirup und Säfte in einem Shaker schütteln.
2. Crushed Ice in einen Tumbler füllen, Berry Rosso darüber abseihen.

Deko-Tipp:
1 Erdbeere

ORANCIO SOLE

Was Sie brauchen:
3 cl Cinzano Orancio
3 cl Gin
3 cl Lime Juice
1 cl Crème de Cassis

So wirds gemacht:
1. Cinzano, Gin, Lime Juice und Crème de Cassis in einem Shaker schütteln.
2. Einen Tumbler mit Eiswürfeln füllen. Orancio Sole darüber abseihen.

GRAND CINZANO

Was Sie brauchen:
3 cl Cinzano Rosso
1 cl Grand Marnier
1 cl Gin
1 Dash Zitronensaft

So wirds gemacht:
1. Cinzano, Grand Marnier, Gin und Zitronensaft in einem Shaker schütteln.
2. Grand Cinzano in eine Cocktailschale abseihen.

KI-PFI-BOWLE

KI-PFI-BOWLE

Ihren Namen verdankt die Bowle der englischen Bezeichnung für Schüssel = bowl. Das im Sommer so beliebte Getränk hat sich ursprünglich aus den Kräuter- und Gewürzweinen des späten Mittelalters entwickelt. Die heutigen Frucht-Bowlen eignen sich besonders gut als leichte Partygetränke.

Was Sie für 8 Gläser brauchen:
200 g Pfirsiche (aus der Dose)
200 g Kirschen (aus dem Glas)
0,25 l kalter Pfefferminztee
2 cl Grenadine
1 Flasche (1 l) Langguth Himmlisches Tröpfchen „Pfirsich"

So wirds gemacht:

1. Pfirsiche würfeln, mit Kirschen in einem Bowlengefäß mischen. Pfefferminztee und Grenadine einrühren und eine Stunde kalt stellen.
2. Mit „Himmlisches Tröpfchen" auffüllen.

ERDBEERBOWLE

Was Sie für 16 Gläser brauchen:
500 g Erdbeeren
1 Zitronenspirale
4 BL Zucker
1 Flasche (0,7 l) trockener Wein
2 Flaschen (à 1 l) trockener Sekt

So wirds gemacht:

1. Erdbeeren halbieren, mit Zitronenspirale und Zucker in einem Bowlengefäß verrühren. Die Hälfte des Weines zugießen, eine Stunde ziehen lassen.
2. Mit restlichem Wein und Sekt auffüllen.

BUNTE FRUCHTBOWLE

Was Sie für 16 Gläser brauchen:
500 g Erdbeeren
3 Kiwis
250 g Himbeeren
8 cl Erdbeerlikör
1 Flasche (0,7 l) trockener Wein
2 Flaschen (à 1 l) trockener Sekt

So wirds gemacht:

1. Erdbeeren und Kiwis klein schneiden, mit Himbeeren, Likör und der Hälfte des Weines in ein Bowlengefäß geben und eine Stunde ziehen lassen.
2. Mit restlichem Wein und Sekt auffüllen.

TRAUBENSAFTBOWLE

Was Sie für 16 Gläser brauchen:
200 g grüne Weintrauben
1 Flasche (1 l) weißer Traubensaft
1 Flasche (1 l) Weißwein
1 Flasche (1 l) Sekt

So wirds gemacht:

1. Trauben halbieren, entkernen, mit Saft und Wein in ein Bowlengefäß geben und eine Stunde ziehen lassen.
2. Mit Sekt auffüllen.

ANANASBOWLE

Was Sie für 16 Gläser brauchen:
500 g Ananas
2 cl Ananassirup
4 cl Orangensirup
2 Flaschen (à 0,7 l) alkoholfreier Wein
1 Flasche (1 l) alkoholfreier Sekt

So wirds gemacht:

1. Ananas, Sirupe und eine Flasche Wein in ein Bowlengefäß geben und eine Stunde ziehen lassen.
2. Mit restlichem Wein und Sekt auffüllen.

ALEXANDER YOUNG

ALEXANDER YOUNG

1783 gelang es dem Amerikaner Evan Williams erstmals, aus Mais Whiskey zu destillieren. Als anschließend der Baptistenprediger Elijah Craig den typischen Bourbon-Geschmack entdeckte, war der Siegeszug des Bourbons nicht mehr aufzuhalten. Immer mehr Brennereien entstanden, zuerst allerdings nur für den Hausgebrauch, denn so fielen ja keine Steuern an.

Was Sie brauchen:
6 cl Jim Beam Bourbon
2 cl Orangensaft
2 cl Ananassaft
1 cl Zitronensaft
2 Dash Angostura
2 Dash Grenadine

So wirds gemacht:
1. Whiskey, Säfte, Angostura und Grenadine in einem Shaker schütteln.
2. Ein Fancy-Glas mit Crushed Ice füllen, Alexander Young darüber abseihen.

Deko-Tipp:
1 Ananasspalte

PASSION BEAM

Was Sie brauchen:
2 cl Tropiclikör
4 cl Jim Beam Bourbon
2 cl Grenadine
4 cl Zitronensaft
6 cl Orangensaft
6 cl Maracujasaft

So wirds gemacht:
1. Tropiclikör, Whiskey, Grenadine und Säfte in einem Shaker schütteln.
2. In einen Tumbler abseihen.

Deko-Tipp:
1 Cocktailkirsche

WARD EIGHT

Was Sie brauchen:
4 cl Bourbon Whiskey
1 cl Grenadine
1 BL Zuckersirup
2 cl Zitronensaft
2 cl Orangensaft

So wirds gemacht:
1. Whiskey, Grenadine, Zuckersirup und Säfte in einem Shaker schütteln.
2. In eine Sektschale etwas Crushed Ice geben, Ward Eight darüber abseihen.

Deko-Tipp:
1 Zitronenscheibe

TENNESSEE SUNSET

Was Sie brauchen:
5 cl Bourbon Whiskey
4 cl Scotch Whisky
1 cl Grenadine
5 cl Ananassaft
5 cl Orangensaft

So wirds gemacht:
1. Bourbon, Scotch, Grenadine und Säfte in einem Shaker schütteln.
2. In einen Tumbler abseihen.

WHISKEY FLIP

Was Sie brauchen:
5 cl Bourbon Whiskey
1 Eigelb
1 cl Zuckersirup
2 cl Sahne
1 Msp. abgeriebene Muskatnuss

So wirds gemacht:
1. Whiskey, Eigelb, Zuckersirup und Sahne in einem Shaker kräftig schütteln.
2. In einen Sektkelch abseihen. Mit Muskatnuss bestäuben.

CHIVAS LIFE

Die Geschichte des Scotch Whisky beginnt mit dem Malt, der ausschließlich aus gemälzter Gerste hergestellt wird. Weltbekannt wurde der Scotch jedoch erst durch den Blended, eine Mischung aus Malt Whisky und Grain-Whisky. Letzterer wird aus gemälzter Gerste und ungemälzten anderen Getreidearten hergestellt. Ausschlaggebend für die Grain Whisky-Produktion war der Ende des 19. Jahrhunderts erfundene „kontinuierliche Brennapparat", mit dem sich dieser leichte Whisky-Typ kostengünstig erzeugen ließ.

Was Sie brauchen:
2 cl Chivas Regal 12Y
1 cl Zuckersirup
5 cl Orangensaft
4 cl Maracujasaft
1 cl Zitronensaft

So wirds gemacht:
1. Whisky, Zuckersirup und Säfte in einem Shaker schütteln.
2. Einige Eiswürfel in einen Tumbler geben, Chivas Life darüber abseihen.

Deko-Tipp:
1 Orangenspalte, 1 Physalis

DOUBLE APPLE

Was Sie brauchen:
2 cl Scotsh Whisky
2 cl Calvados
4 Dash Zitronensaft
2 BL Zucker
1 Prise Zimt

So wirds gemacht:
1. Whisky, Calvados, Zitronensaft, Zucker und Zimt in einem Rührglas verrühren.
2. Ein Longdrinkglas zur Hälfte mit Eiswürfeln füllen, Double Apple darüber abseihen.

BORA BORA

Was Sie brauchen:
3 cl Scotch Whisky
3 cl Cream of Coconut
Maracujasaft zum Auffüllen

So wirds gemacht:
1. Whisky und Cream of Coconut in einem Elektromixer blenden.
2. In einen Tumbler gießen, mit Maracujasaft auffüllen.

Deko-Tipp:
1 Cocktailkirsche

BLOOD AND SAND

Was Sie brauchen:
1,5 cl Scotch Whisky
1,5 cl Vermouth Rosso
1,5 cl Cherry Brandy
1,5 cl Orangensaft

So wirds gemacht:
1. Whisky, Vermouth, Cherry Brandy und Orangensaft in einem Shaker schütteln.
2. In eine Cocktailschale abseihen.

SKY BOAT

Was Sie brauchen:
4 cl Scotch Whisky
4 cl Drambuie
4 cl Orangensaft

So wirds gemacht:
1. Ein Longdrinkglas mit Eiswürfeln füllen. Whisky, Drambuie und Orangensaft darüber gießen und umrühren.

Deko-Tipp:
1 Orangenscheibe

DESTINO'S

DESTINO'S

Die Anfänge des Whiskey liegen im Dunkel der Geschichte. Die ältesten Belege einer Whiskeyherstellung stammen von irischen Mönchen und gehen auf die ersten Jahrhunderte unserer Zeitrechnung zurück. Man vermutet, dass im 6. Jahrhundert irische Mönche eine Probe ihres Whiskeys auf die Reise nach Schottland mitnahmen und so die Herstellung dieses Getreidebranntweins auch in Schottland ermöglichten.

Was Sie brauchen:
4 cl Jameson Whiskey
1 cl Apricot Brandy
1 Dash Mandelsirup
2 cl Zitronensaft
4 cl Grapefruitsaft

So wirds gemacht:
1. Whiskey, Apricot Brandy, Mandelsirup und Säfte in einem Shaker schütteln.
2. Einige Eiswürfel in einen Tumbler geben, Destinos darüber abseihen.

Deko-Tipp:
1 Johannisbeerrispe, 1 Karambolescheibe

HORSE'S NECK

Was Sie brauchen:
6 cl Irish Whiskey
2 Dash Angostura
Ginger Ale zum Auffüllen

So wirds gemacht:
1. Ein Longdrinkglas mit Eiswürfeln füllen. Whiskey und Angostura darüber geben und verrühren.
2. Mit Ginger Ale auffüllen.

Deko-Tipp:
1 Zitronenspirale

PADDY

Was Sie brauchen:
1 Dash Orange-Bitter
3 cl Vermouth Bianco
3 cl Irish Whiskey

So wirds gemacht:
1. Orange-Bitter, Vermouth und Whiskey in einem Rührglas verrühren.
2. Paddy in ein Cocktailglas abseihen.

IRISH FIX

Was Sie brauchen:
4,5 cl Irish Whiskey
2 BL Zuckersirup
1,5 cl Zitronensaft

So wirds gemacht:
1. Einen Tumbler mit Crushed Ice füllen. Whiskey, Zuckersirup und Zitronensaft darüber gießen, umrühren.

Deko-Tipp:
1 Orangenscheibe

JOHN WOOD

Was Sie brauchen:
3 cl Vermouth Bianco
1 Dash Angostura
2 cl Irish Whiskey
3 BL Kümmellikör
1,5 cl Zitronensaft

So wirds gemacht:
1. Vermouth, Angostura, Whiskey, Kümmellikör und Zitronensaft in einem Shaker schütteln.
2. In eine Cocktailschale abseihen.

MINT JULEP

MINT JULEP

Ende des 18. Jahrhunderts erließ der amerikanische Kongress die Branntweinsteuer. Aber nur für kurze Zeit, denn die neue Steuer führte zu einer so heftigen Whiskey-Rebellion, dass sogar Truppen eingesetzt werden mussten. Die erste lizensierte Whiskey-Brennerei war (1866) übrigens die von Jack Daniel in Lynchburg, Tennessee, auf dessen originalgetreu erhaltener kleinen Familiendestillerie heute noch Whiskey hergestellt wird.

Was Sie brauchen:
1 Stängel Minze
1 cl Zuckersirup
4 cl Jack Daniel's Tennessee Whiskey
Sodawasser zum Auffüllen

So wirds gemacht:
1. Minze mit dem Zuckersirup in ein Longdrinkglas geben und mit einem Barlöffel etwas zerreiben.
2. Drei Eiswürfel ins Glas geben, Whiskey darüber gießen. Mit Sodawasser auffüllen, verrühren.

AMARETTO COOLER

Was Sie brauchen:
3 cl Amaretto
2 cl Bourbon Whiskey
8 cl Grapefruitsaft
4 cl Orangensaft
2 cl Zitronensaft

So wirds gemacht:
1. Amaretto, Whiskey und Säfte in einem Shaker schütteln.
2. Vier Eiswürfel in einen Tumbler geben. Amaretto Cooler darüber abseihen.

Deko-Tipp:
1/2 Orangenscheibe

KENTUCKY PEACH

Was Sie brauchen:
2 cl Pfirsichlikör
4 cl Bourbon Whiskey
3 cl Erdbeersirup
3 cl Zitronensaft
12 cl Orangensaft

So wirds gemacht:
1. Pfirsichlikör, Whiskey, Erdbeersirup und Säfte in einem Shaker schütteln.
2. In einen Tumbler abseihen.

Deko-Tipp:
1 Cocktailkirsche

NEW YORKER

Was Sie brauchen:
4 cl Bourbon Whiskey
1 cl Grenadine
2 cl Zitronensaft

So wirds gemacht:
1. Whiskey, Grenadine und Zitronensaft in einem Shaker schütteln.
2. New Yorker in eine Cocktailschale abseihen.

WALDORF ASTORIA

Was Sie brauchen:
2 cl Portwein
4 cl Bourbon Whiskey
1 cl Läuterzucker
2 Eigelb
1 Prise abgeriebene Muskatnuss

So wirds gemacht:
1. Portwein, Whiskey, Läuterzucker und Eigelb in einem Elektromixer blenden.
2. In einen Tumbler gießen. Mit Muskatnuss bestäuben.

COCO -YAYA

COCO-YAYA

Wodka hatte schon zur Zarenzeit Einfluss auf politische Entscheidungen. Zar Peter der Große (1672 -1725), der übrigens ein großer Wodka-Liebhaber und Kenner war, verwendete beispielsweise die Einnahmen aus dem Wodkaverkauf für Bau und Ausstattung der Flotte. Um möglichst schnell an das Geld zu gelangen, verpachtete er das Monopol an Privatpersonen.

Was Sie brauchen:
6 cl Moskovskaya
8 cl Ananassaft
5 cl Cream of Coconut

So wirds gemacht:
1. Wodka, Ananassaft und Cream of Coconut in einem Shaker schütteln.
2. Coco-Yaya in ein Longdrinkglas abseihen.

JET-SET COCKTAIL

Was Sie brauchen:
5 Dash Wodka
2 cl Rum 70 %
2 cl Curaçao Triple Sec
2 cl Zitronensaft
Sekt zum Auffüllen

So wirds gemacht:
1. Wodka, Rum, Curaçao und Zitronensaft in einem Shaker schütteln.
2. Cocktail in einen Sektkelch abseihen. Mit Sekt auffüllen.

Deko-Tipp:
1 Orangenscheibe

CAVALLINO

Was Sie brauchen:
4 cl Wodka
2 BL Apricot Brandy
2 cl Grapefruitsaft
Bitter Lemon zum Auffüllen

So wirds gemacht:
1. Wodka, Apricot Brandy und Saft in einem Shaker schütteln.
2. In einen Tumbler abseihen und mit Bitter Lemon auffüllen.

GROSSHERZOGIN-COCKTAIL

Was Sie brauchen:
2 cl Rum
2 cl Wodka
2 cl Zitronensaft
1 BL Grenadine

So wirds gemacht:
1. Rum, Wodka, Zitronensaft und Grenadine in einem Shaker schütteln.
2. In ein Cocktailglas abseihen.

GIM GALLI

Was Sie brauchen:
3 cl Wodka
1 cl Galliano
1 cl Lime Juice

So wirds gemacht:
1. Wodka, Galliano und Lime Juice in einem Shaker schütteln.
2. Gim Galli in eine Cocktailschale abseihen.

Deko-Tipp:
1 Cocktailkirsche

COOL BATIDA

COOL BATIDA

Allgemein gilt Wodka als Nationalgetränk der Russen, dabei stand seine Wiege wahrscheinlich in Polen (polnisch: Wudka). Vieles deutet darauf hin, dass in Krakau und Danzig schon im 15. Jahrhundert Brennereien existierten. Damals wurde die Spirituose aus Weizen oder Gerste gebrannt. Im 18. Jahrhundert begann man für die Herstellung Kartoffeln zu verwenden, allerdings war dies ein Privileg des Adels. Heutzutage wird der Wodka wieder fast ausschließlich aus Getreide gebrannt.

Was Sie brauchen:
2 cl Wodka Gorbatschow
3 cl Batida de Coco
4 cl Ananassaft
2 cl Sahne

So wirds gemacht:
1. Wodka, Batida de Coco, Ananassaft und Sahne in einem Shaker schütteln.
2. Einige Eiswürfel in ein Fancy-Glas geben, Cool Batida darüber abseihen.

Deko-Tipp:
2 Melonenspalten, 2 Sternfruchtscheiben, Trinkhalme

PEACH LADY

Was Sie brauchen:
4 cl Wodka Gorbatschow
2 cl Pfirsichlikör
6 cl Orangensaft
6 cl Pfirsichnektar, 1 cl Grenadine

So wirds gemacht:
1. Wodka, Pfirsichlikör, Orangensaft, Pfirsichnektar und Grenadine in einem Shaker schütteln.
2. Einige Eiswürfel in ein Longdrinkglas geben, Peach Lady darüber abseihen.

Deko-Tipp:
1 Pfirsichspalte

NIGHTFLIGHT

Was Sie brauchen:
2 cl Amaretto
2 cl Melonenlikör
2 cl Curaçao Blue
2 cl Gin
2 cl Wodka

So wirds gemacht:
1. Amaretto, Melonenlikör, Curaçao, Gin und Wodka in einem Shaker schütteln.
2. Nightflight in einen Tumbler abseihen.

Deko-Tipp:
1 Orangenscheibe

SALTY DOG

Was Sie brauchen:
2 cl Zitronensaft
1 BL Salz
5 cl Wodka Gorbatschow
Grapefruitsaft zum Auffüllen

So wirds gemacht:
1. Den Rand eines Longdrinkglases erst in Zitronensaft, dann in Salz tauchen. Einige Eiswürfel ins Glas geben, Wodka darüber gießen.
2. Mit Grapefruitsaft auffüllen.

RUSSIAN BEAR

Was Sie brauchen:
3 cl Wodka
2 cl Crème de Cacao weiß
2 cl Sahne

So wirds gemacht:
1. Wodka, Crème de Cacao und Sahne in einem Shaker schütteln.
2. In eine Cocktailschale abseihen.

RUSSIAN SUMMER

RUSSIAN SUMMER

Das Wort „Wodka" ist wahrscheinlich aus dem russischen Wort „Woda" entstanden, was zu Deutsch schlicht „Wasser" heißt. Die Herstellung dieses Wassers wurde erstmals im Jahr 1474 urheberechtlich dokumentiert. Doch bereits zwanzig bis dreißig Jahre früher wurde Wodka in Klöstern aus Korn hergestellt. Seit dieser Zeit wurde das „Russische Wasser" in den Rohstoffen, in der Rezeptur und in der Fertigung stetig verbessert.

Was Sie brauchen:
4 cl Wodka Moskovskaya
2 cl Maracujasirup
2 cl Limettensaft
6 cl Orangensaft
1 Dash Grenadine

So wirds gemacht:
1. Longdrinkglas mit Eis füllen. Wodka, Sirup, Säfte und Grenadine darüber geben und verrühren.

Deko-Tipp:
1 Orangenspalte

ICE LAND

Was Sie brauchen:
4 cl Wodka
10 cl Grapefruitsaft
Tonic Water zum Auffüllen

So wirds gemacht:
1. Ein Longdrinkglas mit Eis füllen. Wodka und Grapefruitsaft darüber geben und verrühren.
2. Mit Tonic Water auffüllen.

Deko-Tipp:
1 Grapefruitscheibe mit 1 Kirsche an den Rand stecken.

EISBÄR

Was Sie brauchen:
4,5 cl Wodka
1,5 cl Curaçao Blue
Tonic Water zum Auffüllen

So wirds gemacht:
1. Wodka und Curaçao in einem Shaker schütteln.
2. Mit Tonic Water auffüllen.

Deko-Tipp:
1 Ananasscheibe

VÄTERCHEN ALJOSCHA

Was Sie brauchen:
1,5 cl Crème de Cacao
1,5 cl Wodka
1,5 cl Sahne

So wirds gemacht:
1. Crème de Cacao, Wodka und Sahne in einem Shaker schütteln.
2. In ein Cocktailglas abseihen.

Deko-Tipp:
Cocktail mit Kakao bestäuben

SANDY BEACH

Was Sie brauchen:
2 cl Wodka
3 cl Cream of Coconut
2 cl Milch

So wirds gemacht:
1. Wodka, Cream of Coconut und Milch in einem Shaker schütteln.
2. Drei Eiswürfel in ein Cocktailglas geben, Mix darüber abseihen.

Cocktails mit Alkohol

A La Donna 144 • A.B.V. 186 • ABC Cocktail 24 • Abendrot 20 • Absinth American 166 • Absinth C 3 8 • Acapulco 178 • Admiral Highball 120 • Adonis 166 • Adria Look 46 • African Queen 138 • Aga Khan 48 • Aku Aku 76 • Akzent 178 • Alabama Slammer 108 • Alba 32 • Alexander 164 • Alexander Young 194 • Alexandra 164 • Alfonso Spezial 24 • Almaza 188 • Almkaffee 142 • Almond Eye 164 • Alraune Cocktail 8 • Amaretto Cooler 200 • Amaretto Sour 156 • Americano 20 • Americano Spezial 20 • Amoroso 84 • Amsterdam 106 • Ananasbowle 192 • Angelic 164 • Aperol Prosecco 46 • Apfel-Tee 64 • Apfelgarten mit Schuss 126 • Apollo 8 180 • Apple Buck 124 • Aqueduct 104 • Arago 30 • Aranco 36 • Azteca 180 • Azzurro Bacio 40 • **B 52** 86 • Backbord 22 • Bad Mojo 122 • Bahamas 138 • Bahia 146 • Bamboo 184 • Banana Drift 112 • Band C 100 • Barracuda 148 • Batida De Mel 34 • Beachcomber 130 • Bellini 38 • Bénédictine mit Champagner 38 • Bereggi 20 • Berliner Bowle 10 • Berliner Weiße mit Schuss 10 • Berry Rosso 190 • Bertha 180 • Betsys Cocktail 32 • Bienenkönigin 56 • Bier Brause 14 • Big Apple 184 • Big Boy 84 • Biribie 86 • Black & White 128 • Black Coco 152 • Black Death 176 • Black Rose 144 • Black Thorn 8 • Blauer Steiger 72 • Blood And Sand 196 • Bloody Bull 176 • Blow Up 40 • Blue Hawaiian 138 • Blue Star 44 • Blueberry Shake 136 • Bombay 8 • Bombay Crushed 48 • Bonn 2000 184 • Bora Bora 196 • Brandy Smash 80 • Brasileiro 36 • Bunte Fruchtbowle 192 • **Café Corretto** 30 • Café Mafioso 58 • Caibirinha 10 • Caipimara 34 • Caipirinha 34 • Campari & Wodka 20 • Campesino 162 • Capri Cocktail 32 • Captain's Chocolate 68 • Caramba 182 • Caribbean Coffee 62 • Caribbean Nightmare 148 • Carmencita 136 • Cartagena's Delight 88 • Casino 52 • Cassisoda 118 • Cavallino 202 • CCC 51 154 • Champ 38 • Champagner Julep 78 • Changirongo 90 • Chantré Sour 156 • Che Che 170 • Chicago 38 • Chinese 110 • Chinesischer Pulswärmer 70 • Chivas Life 196 • Churchill 12 • Claridge 54 • Club Forrest 92 • Coco De Martinique 100 • Cocobana 144 • Coconut Climber 130 • Coco-Yaya 202 • Coffee Cobbler 62 • Cola Absent 122 • Cola Fizz 122 • Collins Extra 106 • Colony 94 • Cool Batida 204 • Copacabana 36 • Cosmopolitan 158 • Cranberry Cooler 158 • Cranberry Cup 158 • Cranberry Tonic 158 • Cream Puff 118 • Crocker 54 • Croisette 186 • Cuarenta Sour 88 • Cuba Libre 138 • **Daiquiri** 140 • Danach 170 • Dänischer Julekaffee 22 • Danish Smile 102 • Datscha 98 • Death In The Afternoon 8 • Deinhard Sunset 30 • Del Monte 170 • Denia Sunrise 162 • Derby 78 • Destino's 198 • Diesel 10 • Diplomat 14 • Dirty Ad Ma 10 • Double Apple 196 • Drunken Duck 124 • Dry Eyes 186 • Dubonnet Fizz 114 • Duck Fart 112 • Dunlop 140 • **Eier-Bananen-Milch** 90 • Eier-Honig-Grog 142 • Eierlikör Smoothie 90 • Eierlikör Steamer 90 • Eisbär 206 • Eiscafé Steppenwind 58 • El Presidente 92 • Eldorado 178 • Elysée 92 • Erdbeerbowle 192 • Espresso Corretto 66 • Export Punch 12 • **Fantasy Island** 116 • Few Drops 26 • Fifty-Fifty 52 • Fine And Dandy 110 • Fireball 52 • Flaschengeist 160 • Flipside 118 • Floor Polish 160 • French Poseidon 74 • Friends 48 • Frozen Scotch 106 • Fruchtbier 16 • Fun Beach 43 88 • Funky Monkey 112 • Fuzzy Navel 162 • **Gaass** 18 • Garde-Kürassier 28 • Genoa 56 • Gim Galli 202 • Gimlet 168 • Gin Aloha 110 • Gin Fizz 114 • Gin Sour 156 • Gin Tonic 116 • Gingerball 100 • Gipsy 42 • Gisela 104 • Glück auf 72 • Goccia Di Luna 188 • Gold Fever 94 • Golden Clipper 140 • Golden Eye 94 • Golden Fizz 114 • Golden Flip 94 • Golden Girl 28 • Golden Glover 166 • Golden Heath 144 • Golden Nail 108 • Golden Rum Shake 148 • Golden Velvet 18 • Goldfinger 96 • Goldfisch 94 • Grand Champagner 44 • Grand Cinzano 190 • Grand Marinha 86 • Grandioso 40 • Green Ghost 40 • Green Morning 54 • Green Wave 12 • Green Widow 182 • Grog 142 • Groovy Monday 96 • Großherzogin-Cocktail 202 • Grubengold 72 • Grüne Wiese 92 • Gulf Stream 42 • **Hakam** 110 • Hannibal 170 • Harry's 78 • Harvey 96 • Havana Runner 24 • Heering Blossom 98 • Helen's Own 104 • Hemingway 40 • Hermelin 112 • Hero Trickster 100 • Herrengedeck 12 • Holland House 48 • Holländer-Punsch 150 • Honeybee 146 • Hong Kong 28 • Horse's Neck 198 • Hot Caribbean 58 • Hot Piña Colada 64 • **Ice Land** 206 • Ingwerkaffee 22 • Internorga 138 • Irish Coffee 60 • Irish Coffee Spezial 60 • Irish Fix 198 • Irish Rose 170 • Isarwasser 18 • Isola Bella 26 • **Jamaica In** 152 • James 32 • Janky Mojito 78 • Jacques Lameloise 38 • Jean Bière 12 • Jersey 28 • Jet-Set Cocktail 202 • John Wood 198 • Jules Aperol 26 • Jules Daisy 42 • Jules Grappino 56 • Jules Julep 76 • Jungferngebet 24 • **Kaffee Punsch** 142 • Kaffee-Eisbecher 62 • Kaisermelange 60 • Kentucky Peach 200 • Kimme und Korn 74 • King Peter 98 • Ki-Pfi-Bowle 192 • Kir Royal 44 • Kirsberry Dream 102 • Kirsberry Punsch 102 • Kirsberry-Melone 102 • Kirschblüte 34 • Kirschzauber 64 • Kiss Me Quick 118 • Kleiner Teufel 106 • Kölsch Colada 14 • Korn Colada 74 • Korn Sour 74 • Korn Sunrise 74 • Krefelder 16 • **La Dolce Vita** 46 • Lady Champagner 86 • Lady Heering 98 • Lady's Beer 14 • Last Kiss 166 • Latte Macchiato 128 • Lawine 90 • Leo 25 168 • Lilien 26 • Limettengrog 70 • Little Devil 92 • Livetail 16 • Luigi 84 • **Macho** 176 • Mai Tai 104 • Mai-Bowle 82 • Majo 132 • Mango Breeze 160 • Mango Colada 130 • Mango Tequila 178 • Manhattan 28 • Margarita 178 • Margi Cocktail 84 • Marsala Flip 172 • Martini Dry 186 • Mary Pickford 160 • Mayfair 50 • Mazzagran 60 • Mclaughlin 24 • Melissa 140 • Mexicana 176 • Milky Way 88 • Mint Julep 200 • Minzgranitee 78 • Mojito 80 • Monte Carlo 100 • Montezuma 82 • Mosko-Green 188 • Moscow Mule 120 • **Navy Grog** 144 • Negrita-Punsch 150 • Nevada 152 • Nevins 104 • New Life 84 • New Yorker 200 • Nightflight 204 • Noilly Prat Sour 184 • **Old Opera** 48 • Old San Juan 136 • Orancio Sole 190 • Orange Coffee Plus 66 • Orange Colada 130 • Orange Fizz 114 • Orangenpunsch 150 • Oriental Dream 172 • **Paddy** 198 • Passion 56 • Passion Beam 194 • Peach Lady 204 • Pharisäer 62 • Pimlet 120 • Piña Colada 146 • Piña Colada II 146 • Planter's Punch 148 • Pompeii 30 • Prince 176 • **Quebec** 50 • **Radlerhalbe** 16 • Red Moon 44 • Rheinwasser 16 • Rio 36 • Rio Libertà 34 • Robson 140 • Rose French 184 • Rosita 188 • Rosy Dawn 168 • Rum Collins 118 • Rum Daisy 136 • Rum Highball 120 • Rum-Alexander 164 • Rumba 148 • Rummy 136 • Russian Bear 204 • Russian Summer 206 • **Salty Dog** 204 • Sandy Beach 206 • Sangria 162 • San Remo 86 • Sao Paulo 36 • Schlawiner 72 • Schlummertrunk 128 • Schokolade Mexicana 22 • Schwarzwald-Kaffee 58 • Scorpion Lady 32 • Scotch Coffee Kilt 62 • Sex On The Beach 158 • Shorty Georg 26 • Sidecar 106 • Silvesterpunsch 150 • Singapore Sling 50 • Sky Boat 196 • Sleepy Head 76 • Sogno 30 • Soho 126 • Sol Y Sombre 88 • Sombrero 180 • Sombrero Cooler 146 • Sommerglück 102 • Sommernachtstraum 174 • South Ginger 120 • Southern Bell 58 • Southern Cola 122 • Southern Colada 108 • Southern Dream 42 • Southern Ginger Ale 124 • Southern Mama 152 • Southern Sunset 108 • Sparkling Cranberry 154 • Sparkling Cup 154 • Spotlight 42 • Spring Time 190 • St. Thomaskakao 68 • Starnacht 46 • Steam Boat 108 • Surfer 52 • Sweet And Bitter 22 • Sweet Tina 130 • Sweetheart 96 • Swimming Pool 110 • **Tennessee Sunset** 194 • Tequila Boys 182 • Tequila Sunrise 180 • Tequini 182 • Tom Collins 52 • Toter Mann 72 • Towarisch 14 • Traubensaftbowle 192 • Tropic Jinks 116 • Tropical Red 54 • Tulip 18 • Twin 168 • **Undercover** 98 • **Valencia Gold** 162 • Valencia Smile 44 • Väterchen Aljoscha 206 • Vera Cruz 56 • Vermouth Addington 186 • Victoria 188 • Viva Limone 190 • Vulcano 46 • **Waldorf Astoria** 200 • Ward Eight 194 • Weihnachtspunsch 150 • Weizenbier Mojito 18 • Whiskey Flip 194 • Whiskey Sour 156 • White Lady 54 • White Russian 112 • Wiener Grog 142 • Willawa 96 • Wodka Cooler 124 • Wodka Fizz 114 • Wodka Sour 156 • **Zaza** 50 • Zitronen Flip 50 • Zombi 152 • Zorro 182

Cocktails ohne Alkohol

Amandes 116 • Apfelgarten 126 • Apfel-Joghurt-Drink 132 • Apple Cooler 126 • Apricot Flip 168 • **B 75** 174 • Babyface 134 • Banana Mix 166 • Banjo 134 • Birnen-Zimt-Milch 128 • Borgia 68 • **Café Mocca** 66 • Cappuccino 66 • Cranberry Lemon 154 • **Darjeeling-Schokolade** 64 • **Eisiger Waldzauber** 82 • Erdbeer-Cardinale 128 • **Fata Morgana** 80 • Froggy 174 • **Garden** 76 • Gemüsedrink 132 • Ginger Coffee 60 • Green Leaves 80 • Greentea-Flip 70 • **Hawaii Girl** 160 • Himbeercocktail 172 • **Jojo** 132 • **Kiwi-Mint** 80 • **Mandarinen-Tee-Shake** 70 • Mango-Lassi 134 • Melonen-Tee 64 • Mickey Mouse 122 • Mint Banana 76 • Miss Marple 134 • Miss Piggy 174 • **Nettlers** 68 • **Orange Coffee** 66 • **Paprikadrink** 132 • Paradise Punch 154 • Piratenfeuer 116 • **Raffaelo** 172 • Rail Splitter 124 • Refresco De Papaya 172 • **Sweet Dreams** 174 • **Turtle's Delight** 134 • **Vanille-Shake** 68 • **Waldmeister-Bowle** 82 • Waldmeister-Milch 82 • **Yellow Bird** 126 • **Zitronen-Eistee** 70